中华当代学术著作辑要

变化无穷的
语言

认知、大脑与演化

〔美〕王士元 著

商务印书馆
创于1897
The Commercial Press

图书在版编目(CIP)数据

变化无穷的语言：认知、大脑与演化/(美)王士元著.—
北京：商务印书馆，2023
（中华当代学术著作辑要）
ISBN 978 - 7 - 100 - 22506 - 9

Ⅰ. ①变⋯　Ⅱ. ①王⋯　Ⅲ. ①语言学—研究　Ⅳ. ①H0

中国国家版本馆 CIP 数据核字(2023)第 104350 号

中华当代学术著作辑要
变化无穷的语言：认知、大脑与演化
〔美〕王士元　著

商　务　印　书　馆　出　版
（北京王府井大街36号　邮政编码100710）
商　务　印　书　馆　发　行
北京市十月印刷有限公司印刷
ISBN　978 - 7 - 100 - 22506 - 9

2023 年 7 月第 1 版　　　　开本 710×1000　1/16
2023 年 7 月北京第 1 次印刷　　印张 14¼
定价：79.00 元

中华当代学术著作辑要

出 版 说 明

学术升降，代有沉浮。中华学术，继近现代大量吸纳西学、涤荡本土体系以来，至上世纪八十年代，因重开国门，迎来了学术发展的又一个高峰期。在中西文化的相互激荡之下，中华大地集中迸发出学术创新、思想创新、文化创新的强大力量，产生了一大批卓有影响的学术成果。这些出自新一代学人的著作，充分体现了当代学术精神，不仅与中国近现代学术成就先后辉映，也成为激荡未来社会发展的文化力量。

为展现改革开放以来中国学术所取得的标志性成就，我馆组织出版"中华当代学术著作辑要"，旨在系统整理当代学人的学术成果，展现当代中国学术的演进与突破，更立足于向世界展示中华学人立足本土、独立思考的思想结晶与学术智慧，使其不仅并立于世界学术之林，更成为滋养中国乃至人类文明的宝贵资源。

"中华当代学术著作辑要"主要收录改革开放以来中国大陆学者、兼及港澳台地区和海外华人学者的原创名著，涵盖语言、文学、历史、哲学、政治、经济、法律、社会学和文艺理论等众多学科。丛书选目遵循优中选精的原则，所收须为立意高远、见解独到，在相关学科领域具有重要影响的专著或论文集；须经历时间的积淀，具有定评，且侧重于首次出版十年以上的著作；须在当时具有广泛的学术影响，并至今仍富于生命力。

自 1897 年始创起，本馆以"昌明教育、开启民智"为己任，近年又确立了"服务教育，引领学术，担当文化，激动潮流"的出版宗旨，继上

世纪八十年代以来系统出版"汉译世界学术名著丛书"后,近期又有
"中华现代学术名著丛书"等大型学术经典丛书陆续推出,"中华当代
学术著作辑要"为又一重要接续,冀彼此间相互辉映,促成域外经典、
中华现代与当代经典的聚首,全景式展示世界学术发展的整体脉络。
尤其寄望于这套丛书的出版,不仅仅服务于当下学术,更成为引领未来
学术的基础,并让经典激发思想,激荡社会,推动文明滚滚向前。

商务印书馆编辑部

2016 年 1 月

新 版 前 言

　　这本书的旅程始于 2009 年，当时我应邀到北大做了一系列的讲座。能有此殊荣，要特别感谢王洪君、陈保亚、孔江平、汪锋几位教授的款待，也谢谢他们的讨论和鼓励。这些演讲稿后来集结成书，先是 2011 年由北京的商务印书馆出版，接着 2014 年又由台北的高等教育出版社出了繁体字版。当我开始为商务印书馆准备此书的增订版时，发现相关领域近年来已有了许多新进展，因此书的内容也该与时俱进地做出必要的更动。结果差不多是一本新书了，也该有个新名字。

　　新的书名出自蔡元培先生的一段话，那是 1928 年他在中央研究院历史语言研究所的成立大会上的致辞。他的深刻洞见，把人类的独特性归因于变化无穷的语言，即便当时对人类语言或其他动物的沟通系统几乎还一无所知。其实早在 1836 年，德国学者威廉·冯·洪堡特（Wilhelm von Humboldt 1972:21）就已经有类似的想法，他曾写道，语言必须"对有限的资源做无限的运用（infinite use of finite media）"。那也正是我这本书的主旨所在，对人类语言的理解，奠基于过去一个多世纪以来诸多学科的贡献，尤其是语言学、认知科学、神经科学、遗传学，而这一切都要从演化论的观点出发。历史语言研究所的创办，在顶尖学者如赵元任和李方桂卓越学术成就的带领下，也标志着中国现代语言学的开端。中国语言学现在就站在他们宽阔的肩膀上！

　　香港理工大学为我提供了温暖舒适且全力支持的学术家园。理大近年来刚成立了语言认知神经科学研究中心（Research Center for Language,Cognition,and Neuroscience,RCLCN）、智龄研究院（Research Institute for Smart Ageing,RISA）,以及配备齐全的神经科学中心实验室（University Research Facility for Behavioral and System Neuroscience,UBSN）。每周的实验室例会,我可以和年轻进取的学生及学者,一起探索与认知的习得和退化相关的议题,使我获益良多。这是个令人称羡的多学科环境,我非常荣幸可以在此教学,并从事国际性的前沿研究工作。

　　当初《语言、演化与大脑》的整理工作,就多半是蔡雅菁的贡献,如今这本书的增订工作,也主要得归功于她的投入与付出。再多言语都不足以表达我对她的感谢!

王士元

2023 年 1 月

原 版 前 言

1979 年夏天,我到北京大学作了一系列的报告,多亏林焘、王福堂、王理嘉三位老师鼎力相助,编成了《语言学论丛》第十一辑,于 1983 年出版。[1]

后来这本小书又投了一次胎,彭刚博士加了一百多页的新材料,把近三十年所发展的一些最新方法增补了进去,包括隐马尔科夫模型、支持向量机以及 Praat 的简介,[2]我相信这种把新进展建立在旧知识上的趋势,是个好方法,让语音学的发展脉络更连贯,学问本来就应该有累积性。

近几年来语音学在国内陆续有一流的专书问世,例如孔江平的声带振动研究,[3]已经获得国际专家的肯定。[4] 又如石锋对音系学的探索、[5]朱晓农的语音学教科书,[6]都表示中国语音学已经发展成熟、开花结果了。

很庆幸 2009 年我又有机会到北京大学,作了四次演讲。[7] 事隔三十年,整个语言学的学门当然都有了很多变化与进展。由于三十多年来主要受了风靡一时的生成语法学派的负面影响,很多语言学家疏于

---

[1] 王士元 1983。
[2] 王士元 & 彭刚 2006、2007。
[3] Kong 2007.
[4] Baker 2010.
[5] 石锋 2009。
[6] 朱晓农 2009。
[7] 2010 年我也曾回北大交流,那次所讲的材料,已经合并在这本小书里。

跟别的学科交流，不共同研究一些关于语言的大问题，这种闭关自守的心态相当不健康，因为像语言这样极其复杂的现象，绝对不是坐在书房里凭空诌出几条规律就能成事的。① 要有令人信服的研究成果，我们必须到人群中去作实地田野调查，或者到实验室里去用仪器测量，靠数据的搜集逐步累积知识，朝着科学实证的研究目标前进。

近年来，这样宏观的语言学家越来越多，已经成为我们学科里的主流，大家都体会到语言的涌现显然建立在很多古代人类已经具备的能力上，包括发音、听觉、记忆，以及多种认知技巧。② 要了解语言发展的来龙去脉，我们一定要借助演化论的光芒，一方面分析大量的个别语言，一方面也探索婴儿的语言习得和其他动物的沟通模式，并与人类学、心理学、神经学、遗传学等一起合作，从事跨学科的研究。

古希腊的 Hippocrates（希波克拉底）就已经体会到，人类的所有思想、感觉、情绪，都由大脑主宰。可是研究语言跟大脑的关系，却只有一百多年的历史，从 Broca 才正式开始，主要的原因正是没有适当的工具研究大脑。

"工欲善其事，必先利其器。"17 世纪由于透镜技术而发明的望远镜、显微镜，让我们能够观察到了许多肉眼看不到的新现象，也促成了人类科学日新月异的进展。这二三十年来，随着众多观察大脑的先进工具一一发明，我们也迈进了研究大脑的黄金时代。③ 就像 Kandel 及 Squire 两位大师所说的，在这新时代里，我们必须跨越学科间的隔阂。④ 他们在文章里附了一个很有启发的图表，列出了历年来研究大脑的一些重要里程碑。

---

① 请参见 Wang 2011b 里所引的诸位学者对生成语法的批评。
② Tomasello 2008. 中译：2012。
③ 王士元 2011a。
④ Kandel & Squire 2000、2001.

　　大脑里有将近一千亿个神经元在不断地交流,当它们传达语言信息时,脑中不同的区域就会有变动,反映出电压或磁力的差别,所以当我们听到或读到名词或动词、合语法或不合语法的句子时,神经元就会传达不同的信息,而这些大脑内的电磁变动,就能用 EEG、MRI 等先进的工具及时测量并为我们显示出来。

　　神经科学近年来有几个突破性的发现。本来我们以为成年人的大脑不可能再产生新的神经元,但现在我们知道,大脑没有这样的限制,在适当的环境里,有些区域总是可能产生新的神经元或形成新的神经网络。

　　本来我们以为大脑里的信息全部都是由神经元传达的,可是大脑里的细胞,绝大部分不是神经元,而是胶质细胞(glia cells)。近几年来,我们开始了解到胶质细胞也能经由一些化学手段传达信息。[1]

　　还有一个发现可能跟人的行为(包括语言学习)有更密切的关系,就是镜像神经系统。[2] 目前还有很多研究者热烈地讨论这方面的问题。[3] 另外有一个新发现是,大型的梭形神经元(spindle neurons),只有在跟人类较接近的灵长类大脑中才有,而且这种细胞不是一出生时就有,以人类为例,要等婴儿满四个月大了,才会在大脑扣带回里出现。[4] 婴儿在这段时期开始注意事物,认知发展的速度也在增加。

　　还有一个很有趣的理论,可以解释脑皮层的脑回与脑沟。[5] 这些皱褶是胎儿六七个月时才开始出现的。原因可能是,由于一组一组的轴突渐渐长成,它们共同的弹性逐步把较远的脑皮层拉近,才形成这样的皱褶。这么看来,脑回与脑沟的结构,与神经元间的距离是有关的。

　　总而言之,神经科学在这个黄金时代里发展日新月异,*Nature*、*Science* 这类学报里,几乎每个月都载有这些领域中或大或小的突破。

---

① Fields 2010；Koob 2009.
② 曾志朗 2006。
③ Hickok 2009.
④ Allman et al.2001.
⑤ Hilgetag & Barbas 2009.

　　我能在北大发表一系列的演说，特别要感谢北京大学中国语言学研究中心，尤其是王洪君、陈保亚、孔江平、汪锋几位教授。他们的邀请以及热情招待，给了我一个绝佳的机会，把一些杂乱无章的材料组织起来，并跟很多同行们切磋交流。汪锋老师为了这本书的出版，也费了许多心思，非常感谢他帮助我与出版社联系、沟通。2010 年年底，我又到内地作了几场演讲，一是应顾文涛教授的邀请，到南京师范大学；二是应蒲慕明教授之邀，到上海中国科学院神经科学研究所。这两次访问都给了我宝贵的机会，让我得以与两地的师生交流此书里提到的许多研究，所以也要谢谢顾教授和蒲教授的安排。

　　我也要谢谢香港中文大学语言工程实验室那些成员，我们一小组人经常在一起讨论，相互学习、研究，尤其是龚涛、彭刚、郑洪英及 James Minett，他们的好学勤勉也让我学到不少东西。这几年来，我们的研究一直获得电子工程学系的支持，以及信兴高等工程研究所和香港研资局的资助，在此一并致谢。也要感谢彭刚、郑洪英、王瑞晶、张偲偲、尚春峰、杨若晓等人细心阅读这本书的草稿，提供了不少改正意见。

　　最后要感谢蔡雅菁小姐，用无比的耐心和细心把一堆不成文的讲稿，编辑成这本小书，并且加了一个很有用的英汉词汇对照表，她的协助，极大地促成了这本书的问世。

　　多年来我一直有个愿望，希望能从语言学、演化论、神经认知科学这三个领域里抽出一些相关的知识来，编成一个连贯有趣、引人入胜的故事。因此在这本小书里，我在这些领域中不断地来回穿梭，可是现在看来，此书离这个愿望还有相当大的距离，只能期望后起之秀继续朝这个目标努力了。

王士元

2011‒02‒02 于雅典居

王洪君教授的致辞

今天,由王士元教授主持的"语言与大脑"系列讲座正式开讲。首先我代表北京大学中文系和北京大学汉语言研究中心(现北京大学中国语言学研究中心)对王士元先生表示热烈的欢迎。

王先生不仅在语言学方面成绩卓著,而且是推动语言学和其他学科跨学科交融的先行者。王先生 1960 年在密歇根大学以声学语音学的研究论文取得博士学位。之后任职于 MIT,也就是麻省理工学院的电子研究实验中心与 IBM Yorktown Heights 研究中心。他曾在俄亥俄州立大学创立了语言学系和东方语言文学系。1965 年受聘为伯克利加州大学语言学系正教授,任教三十余年退休后,现在在香港中文大学电子工程学系,是中文大学的伟伦研究教授,主持语言工程实验室的语言和脑波的研究计划。他还兼任中文大学语言学及现代语言学系、翻译学系和东亚研究中心的教授。

我们大家都很熟悉,王先生在 1969 年提出了词汇扩散理论,这是第一个由华裔语言学家提出的完整的语言演变理论。在全世界的范围内,在语言学、心理学及不同学科领域和语言习得等不同的应用领域产生了巨大的影响。大家或许还不太了解的是,王先生在跨学科研究方面的研究成果和影响力。他在 1967 年提出谱系树理论中的画树方法,他与遗传学、体质人类学、考古学的顶尖学者有长期的合作交流关系,将历史语言学与人类遗传学、考古文化学结合起来,从多角度对语言和人类、人群的迁徙分化、接触的关系进行了深入的研究。

在语言学和心理学方面，早在 1974 年，在美国加州大学，王先生和来自 Riverside（河滨）校区的曾志朗先生结识了。两人开始了一系列开创性的研究，推进了一门崭新的学科——汉语文神经语言学的建立和发展。

王先生一直致力于促进中国语言学的发展。他创立并主持《中国语言学报》，为中国语言学开辟了第一个国际性的专用营地。"文革"后国内学术百废待兴之际，王先生对我们北大中文系重新建立语音实验室的计划，从建设规划到设备采买再到研究人员的培训，都给予了最关键的支持。他于 1979 年亲自在北大授课一个学期，系统介绍了当时国际实验语音学的最新进展。当时前来听讲的不仅有北大中文系的学生和老师，还有人大中文、中科院声学所、社科院语言所的学生和专家学者。之后其内容整理出来，以《语言学论丛》第十一辑专辑的形式发往全国，有力地推动了我国实验语音学的发展。

将近三十年过去了，21 世纪的今天，王士元先生又一次来到北大。21 世纪被称作信息的时代、生命科学的时代，而语言学与心理学的交叉，人、大脑与语言学的关系，正是信息科学与生命科学共同的尖端问题。我相信王先生的这次讲座一定会给我们带来许多交叉学科的学术前沿的新鲜信息，再一次促进北大汉语语言学的发展，促进北大多学科的交流，促进中国语言学的进展。

让我们对王先生再一次表示衷心的感谢！

2009 年

目　　录

彩图

图片版权页

第 一 讲

"没有演化论的照耀,生物学里的一切
都是暗淡的。"

T. Dobzhansky(1900—1975) ①

首先谢谢王洪君老师刚才说了很多好话,我觉得不敢当。我的确非常高兴有这个机会来北大,再来跟大家谈语言的问题。我觉得语言是世界上最有趣的东西,要了解人类,研究语言是必经之路。我是1973年第一次到北大来讲学。36年,这么一转眼就过去了。这36年,北大当然有非常大的改变、进步。很多领域里北大已经毫无问题地进入世界一流。我来的希望是,也许能够稍微推动一点语言学,让我们的领域,能够在不久的将来也可以进入世界一流。因为我们在研究语言学方面是得天独厚的:我们有几千年的文字记载,汉语有好几十个方言,一两百个少数民族语言,这都是我们的文化财富。利用这么好的资源,来替我们的语言学发挥这些财富的作用,我觉得是我们应当做的事情。我很高兴看见这么多年轻、生气勃勃的同学们,中国语言学的未来是在你们的手里的。所以我很希望你们注意语言学里一些非常有趣的问题,来帮我们研究出一些新的成果。

---

① "Nothing in biology makes sense except in the light of evolution."(Dobzhansky 1973)

1.1　演化论的开端：达尔文与 Wallace

现在是 2009 年，也恰好是达尔文 200 年的诞辰——图 1 就是达尔文。世界各地很多学术界的活动都在庆祝他的 200 年诞辰。就如 Dobzhansky 所说，生物界里的一切都需要从演化论的角度去研究、理解。人的大脑是自生物开始演化以来出现的最神奇的器官，而语言又是大脑所产生出来的最奥妙的行为。所以要讨论语言与大脑，应当从演化论说起。

On the Origin of Species by Means of Natural Selection or the Preservation of Favored Races in the Struggle for Life（1859）

The Descent of Man，and Selection in Relation to Sex（1871）

The Expression of the Emotions in Man and Animals（1872）

图 1　达尔文（1809—1882）肖像与三本代表作© iStockphoto

达尔文年轻的时候搭乘 Beagle 号旅航全世界，替英国政府采集生物界的样本，一共 5 年之久，到过很多地方。他觉得那个时候教会提的一些理论好像有问题。在那个时候，大家都以为上帝创造世界是在公元前 4004 年，他们把《圣经》上说的一些东西一步一步加上去，是 4004BC。所以虽然世界上有很多生物种类，但都是那个时候造的。关键是上帝造了之后，就不变了。达尔文觉得这种讲法很难接受。

那个时候有两套思想老是在他的脑海里活动。一个来自他的老师

Charles Lyell,是地质学的鼻祖。Lyell 那时候用地球上的种种证据说明,这个世界不可能只有几千年的历史,至少几百万,也许几千万,也许几万万。到底是多少那个时候还搞不清楚,不过是蛮长的一段时间。达尔文很相信 Lyell 的这个地质学的说法。另外一套思想也是来自英国人,叫 Malthus。他说世界上的资源是有限的,可是一般生物繁殖非常快,如果所有繁殖下来的动物都能够活下来,一直生存下去,那么很快这些资源就不够用了,所以一定会有竞争。有竞争优势的那些动物就能够延续其后代,后代再一代一代地传下去。没有优势的,就会死亡。比方长颈鹿,如果脖子比较长,能够吃到比较高的树叶,存活率就占便宜。脖子不够长,底下的叶子别的动物都吃完了,就会饿死。达尔文把这些思想合并在一起,慢慢地就想出了他的演化论。

可是达尔文不敢马上公开说这些话,因为教会的势力那时候非常强,演化论跟《圣经》恰好说相反的话,而且他的太太 Emma 是个非常虔诚的教徒。他如果说这些话,妻子不会接受的。可是在那一段时间,他收到一封非常重要的信,是一个叫 Alfred Russel Wallace 的英国人所写的。Wallace 那时在东南亚,在马来亚、印尼做田野工作。有一次他发烧了,卧病在床。躺在病床上时,突然来了个灵感,就是演化论的灵感。他说也许这么多不同类的生物是一步一步演变出来的。那个时候达尔文已经相当有名气了,因为他航海 5 年,回来写了很多书。虽然没有提到演化论,但他写的很多书在生物界都很有分量。Wallace 就给达尔文写了一封信。他说你是这方面的权威,你懂的当然比我多得多。可是我有这么一个也许很奇怪的想法,你看我讲的对不对,然后他就把他的演化论写在这封信里了。

达尔文一看到这封信就非常着急,也非常为难。因为他在这方面做了几十年的工作了,但是因为种种别的因素,一直没有发表出来。现在如果 Wallace 把他的理论发表出来,那不是有点对自己不大公平吗?

但是人家既然给他写了这封信,他又不能够不理。这给了英国的学术界一个很大的难题,结果他们就决定开一次很特别的会。1858 年,在 *Origin*(《物种起源》)问世的前一年,Wallace 跟达尔文在同一个会上同时发表他们的看法。那么达尔文当然就不能再拖了。他就赶快把很多材料收集在一起,整理一下出版了这本书。书的完整名字叫 *On the Origin of Species by Means of Natural Selection or the Preservation of Favored Races in the Struggle for Life*。他既然把他的演化论说出来了,人家再骂他,他也不在乎了。所以他就开始讨论人类的演化。12 年后他又有一本名著出版,叫做 *The Descent of Man, and Selection in Relation to Sex*。再过一年他又有一本书叫 *The Expression of the Emotions in Man and Animals* 出版。

　　这三本书每一本都是杰作,我们可以把它们简称为:*Origin*(1859)、*Descent*(1871)与 *Expression*(1872)。1871 年他主要是讲演化怎么影响一个人的身体:体质如何、头多大、鼻子多高、眼睛什么颜色等,同时也把人和动物的智力作了初步的比较。但是等到 1872 年的时候他已经讲到感情、行为。我们老是以为人是一种很理智的动物,[①]其实并不完全是那样。很多我们以为很理智的行为,是有很多感情的色彩藏在里头的。Antonio Damasio 是个出色的神经科学家,在这方面他作了很多很有价值的研究,可参见 Damasio(1994、2003)。他 1994 年出版的那本书叫《笛卡尔的错误》,大家都知道笛卡尔的名言"我思故我在",他不仅是知名的哲学家,更是重要的数学家,可是他太强调身心二元论,认为理性决策是不会受情绪干扰的,但 Damasio 不这么认为。因此他说:"这正是笛卡尔的错误:身与心之间有如深渊般的分离,也就是一方面是有尺寸、有空间维度、机械运作且可无限分割的身体,与没有尺寸、没

---

　　①　*Homo sapiens* 就是"智人"的意思。

有空间维度、推不了也拉不了的心智之间有如深渊般的分离;这意味着推理和道德判断,以及因身体疼痛或情感起伏而来的苦楚,都可以脱离身体而存在。尤其是,把最精密的心智运作,与生物有机体的构造和运作区隔开来。"①所以演化论不是只能用于生物界,心理上、智力上的东西、行为,都可以用演化论来研究。所以就像严复后来翻译的"物竞天择,适者生存",这是达尔文非常大的贡献。

1.2 从灵长类到智人

生命的源头都来自细胞。大约三十亿年前,地球上只有一个个单独的简单细胞,这些细胞的发展主要有两个方向,一是这些细胞的膜内逐步产生了细胞核,让细胞的种类从简单变得越来越复杂[从原核生物(prokaryote)发展到真核生物(eukaryote)]。另一个方向是细胞与细胞融合在一起,变成结构上越来越复杂的动物[从单细胞生物(mono-cellular)发展到多细胞生物(multicellular)]。三十亿年前地球上开始出现最原始的细胞,也就是我们所知的宇宙里生命的开端。经过无数次的细胞合并及分裂,种种生命系统逐步涌现出来,但大多数都已被环境淘汰而灭绝,如恐龙、长毛象、剑齿虎等,可是存活至今的物种还是有千万之多。幸亏有达尔文和孟德尔的演化论,我们对这些现象已累积了不少知识。

在这数以千万计的物种中,有一个独特的物种,单靠生物演化来

---

① "This is Descartes' error: the abyssal separation between the body and mind, between the sizable, dimensional, mechanically operated, infinitely divisible body stuff, on the one hand, and the unsizable undimensioned, un-pushpullable, mind stuff; the suggestion that reasoning, and moral judgment, and the suffering that comes from physical pain or emotional upheaval might exist separately from the body. Specifically: the separation of the most refined operations of mind from the structure and operations of a biological organism. "(Damasio 1994:249)

理解是不够用的,那就是我们人类。推动生物演化的力量,是基于来自前一代对生存有利的特征得以传到下一代去。可是这样单靠基因的传递,与文化演化对比起来实在缓慢了数倍。文化演化的动力是基于模仿和学习,知识的传播远比基因传递要快得多,而且知识可以一代代地累积起来让后人得益。依照 Lieberman(2013)的说法,比起猴子、猩猩等其他灵长类动物,人类的生长历程除了幼儿(infant)、青年(juvenile)、成年(adult)三个阶段外,还多了一个"儿童"期(childhood),况且人类的"青年期"也比猴子和猩猩的长。这让年幼的儿童有更多时间经由家庭的熏陶和学校的教育习得语言与文化,在耳濡目染的环境中成为社会的一分子。因此人类之所以能够从非洲的一种不起眼的像猴子一样的爬树动物,进而把整个大自然的山河、森林、沙漠改造并建成道路、桥梁、城市、学校、工厂等,主要得力于我们的认知和语言。我在下面的章节里,会陆续阐明人类这个物种如何得以在短短的几百万年内克服了大自然里的种种困难,成为地球的主人翁。

当然现在我们对于生物的演化,了解得比达尔文那个时代,比 150 年以前 *Origin* 的那个时代要仔细得多、好得多。图 2 是从一个人类学家十几年前的一本书中取出的。这是一个树图,讲的是人科(*Hominidae*)。人科是灵长类底下的一部分。灵长类包括种种不同的猴子,但是人科只包括人、猿、猩猩等等。用生物化学的方法,我们可以大致看出在几百万年之前这些动物是什么时候分开的。大概是在六百万年前的时候,大猩猩跟黑猩猩,也跟人分开了,所以在生物界里与我们最近的亲戚是黑猩猩,大概是五百万年前跟我们分开的。然后我们跟黑猩猩的共同祖先,又是跟大猩猩最近,在六七百万年以前分开的。这个年代主要是用基因、用遗传学算出来的。

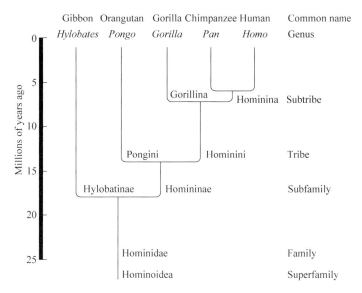

图2　人猿总科(*Hominoidea*)树图(Lewin 1996:30)

　　在 Wisconsin 的另外一个科学家 Carroll,也在 *Nature* 里发表了基本上同样的意见。图3纵轴由上至下是从现在到一千万年以前,在六七百万年的时候,我们跟黑猩猩就和大猩猩分开了。所以 *Gorilla* 是大猩猩,*Pan* 是两类黑猩猩。其中一类叫做 common chimp,是我们一直比较熟悉的。另外一类是近几十年才发现的,叫做 pygmy chimp,小的黑猩猩。猩猩的学名是 *Pan*(黑猩猩属),所以两类黑猩猩分别是 *Pan troglodytes* 和 *Pan paniscus*。人和猩猩分开了之后,有好多古人类,现在都只剩化石了。在左边灰色部分可以看到这些古人类的名字。中间有一种古人类的名字是 *Australopithecus africanus*(南方古猿非洲种),australo 是"南"的意思,pithecus 指"猿",这是非洲发现的一些猿人。两三百万年前,我们的老祖宗已经站起来了。站起来跟语言的起源有非常重要的联系。如果我们那个时候没站起来,现在就不会有语言。

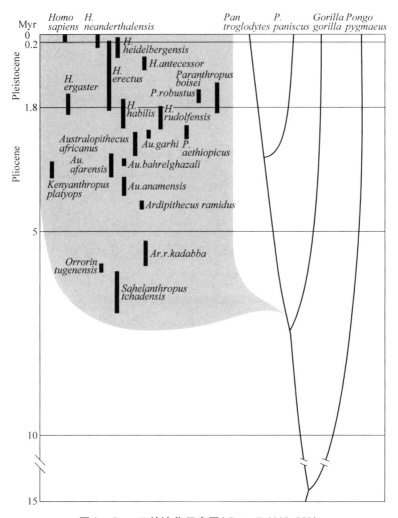

图 3　Carroll 的演化示意图(Carroll 2003:850)

　　图 4 可以更清楚地显示灵长目内部的亲属关系。左边的人类跟右边的黑猩猩,在基因上只有 1.2% 的差别。根据遗传学的算法,人类跟黑猩猩共同的祖先,大约存活于 600 万—700 万年前。我们跟大猩猩共同的祖先,则大约存活于 700 万—900 万年前,年代上要更久远些。

目前科学家公认,与我们人类关系最近的亲戚物种,就是黑猩猩。我们也知道,这 600 万—700 万年中,有过很多不同的物种,跟我们关系更近,例如尼安德特人(Neandertals)、丹尼索瓦人(Denisovans)等,他们虽然达到了相当复杂的文化,并且跟我们的老祖宗还交换过基因,可是毕竟几万年前全都已经绝种。

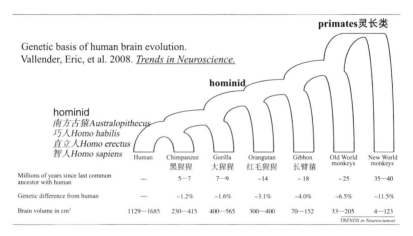

图 4 灵长动物与人类的基因差异和脑容量比较

我们跟黑猩猩分化之后,第一个非常重要的变化,就是 300 万—400 万年前我们开始直立,用两只脚走路。黑猩猩跟大猩猩至今还站不直,身体总要向前弯着,走动时还是主要用三或四只脚。直立大大地改变了我们的身体结构及行为模式。首先是我们开始大量地用手,不单是使用现成的东西作为工具,并且也拿石头来制造不同形状的新工具。我们的手变得越来越灵活,同时古人类的人口也跟着增加,经常向外扩散,翻山越岭,克服新的环境,这些种种的因素,都给大脑带来种种不同的新刺激,让脑容量逐步地扩大,从 300—400 立方厘米一直大到现代人的 1000 多立方厘米。图片上可以看到,我们大脑的体积,比黑猩猩的大好几倍,就是比起体型壮硕的大猩猩也要大得多。

　　人口多，彼此沟通的需要也会跟着增加。一些简单的意思，可以用手势、肢体动作，以及脸上的表情来表达。有时候要别人看着你，或要强调你的意思，可以同时发出温柔、可怜、害怕、凶狠等相配的声音。此类的沟通，猩猩甚至有些猴子都做得到。可是我们的大脑要厉害得多，能做许多有用的联想。如果某个古人类在远远地看见一头狮子向他走来时，发出个害怕的声音，以后他的同伴也许把这个声音当做一种代表狮子的符号，利用这个声音来作为"小心狮子"的警告。久而久之，如果整个群体都这么做，这个声音就成为一个词，意思就是"狮子"。春秋时代的荀子讨论语言的起源时说过："名无固实，约之以命实，约定俗成，谓之实名。"

　　约定俗成，就是解释这种形成词的现象。古希腊的哲学家也说过类似的话。[①]但最重要的，是符号这个抽象的基本概念。有了这个概念，词就可以一个一个地累积起来。先是一些具体的东西，如：身体部分：手、头、膝盖；大自然：水、树、山等。也可以是一些代表动作的词，如：跑、睡、哭。也可以延伸到越来越抽象的东西，如：亲情、友谊、勇气。基本词每个语言都有，小孩很早就能学到。此外，要加上成千上万一组一组的文化词，如：数目、颜色、食物、建筑、职业、交通工具等。黑猩猩虽然没有自己发明语言，可是如果有人认真地教，最多它们也能学会几百个词。由于我们的大脑厉害，以及社会的复杂，一般的中学生，至少也认识上万个词。

　　我们也能很容易造出新词，来代表新发现的东西。例如元素周期表上很多新的词，都代表近几十年化学家新发现的原子。这方面我们跟别的动物，真是有天渊之别。近年有一本研究人类演化的书，把我们

---

　　① 　Yu 2002.

称为"利用符号的物种",这个标题起得很恰当,而语言就是一种大量利用符号的认知工具。[1]

　　真正的现代人 Homo sapiens(智人)大概是在三十万年以前开始的,也是从非洲出来的。这些古人类的化石绝大部分都是在非洲挖出来的。达尔文在 Origin 里说过一句话,他说跟我们最近的一些灵长类,像黑猩猩、大猩猩都在非洲,所以人的发源地最可能也是在非洲。这是1859 年说的话,现在已经获得绝对证实了。所以人的起源是在非洲,语言的起源大概也是在非洲。图 3 灰色部分中最长的一条线是直立人,Homo erectus。周口店的北京猿人就是 Homo erectus,就是直立人。

　　过去普遍认为,北京猿人的年代距今约四五十万年,但 2009 年的《自然》期刊有一篇南京师范大学沈冠军教授的文章,把北京猿人的生存年代定在 77 万年前。另一个关于直立人的新发现是,2022 年 5 月湖北又发掘了一件古人类头骨化石,《自然》在同年 12 月曾有专文报道(Lewis 2022)。自 1989 年起,当地已陆续出土了三件头骨,因其出土地点在郧阳而被学界命名为"郧县人"。"郧县人"距今约 100 万年,也属于直立人。

　　科学对这一段漫长的生命故事的了解,近年来有着大大的进展。之前我们研究这个故事的唯一数据,只有依靠凭运气发掘出来的化石,通常都是在拆迁房舍或建筑工地上偶然发现了某个遗址,或在哪里出土了少许遗物,并请专家探勘鉴定后,才能组成大规模的考古队进行有系统的挖掘,例如刚才我提过的北京猿人,就有瑞典、奥地利、美国和中国学者一起参与挖掘工作。可是自从基因学(或称遗传学)参与了这方面的研究,这一领域的知识就在日新月异地增长。有人说过 20 世纪是研究物理学的黄金时代,尤其是物理、化学、天文等,而 21 世纪则是

---

[1]　Deacon 1997.

研究生命科学的黄金时代，我觉得这种说法非常恰当。从 2000 年起，基因学与神经科学研究取得了种种突破，也产生了很多诺贝尔奖得主。

例如 2022 年年底宣布的颁给 Svante Pääbo 的诺贝尔医学奖，是为了赞扬他发明的古 DNA 萃取法，这种方法能够从几千年前的化石里提取出古 DNA，以帮助我们理解现代人跟一些已绝种的古人类之间的关系。比方有一种已灭绝的古人类叫丹尼索瓦人（Denisovan），经过古 DNA 的分析，我们知道他们与西藏人的祖先曾共同繁衍过后代子孙，因此他们遗留在现代藏人身上的基因，协助藏人在生理上可以适应高海拔的环境。

蔡元培先生说过一些话，我觉得讲得非常好。他说我们跟其他动物，如猩猩、大象、鲸鱼、鸟等，大家都是动物。"同是动物，为什么只有人类能不断地进步，能创造文化？因为人类有历史，而别的动物没有。因为它们没有历史，不能够把过去的经验传说下去……"然后他又接着问，"为什么只有人类能创造历史，而别的动物没有？"下面就是非常重要的回答："因为人类有变化无穷的语言。""中研院"那个时候在南京，历史语言研究所和集刊在 1928 年创所、创刊。蔡元培是那个时候说的话。

我们由考古学家发掘出的化石及文物中可以了解，有几个发展是人类演化的里程碑。最早的里程碑是三四百万年前，人类的祖先逐渐改变了他们的行动方式，从靠四肢着地行走到双脚直立走动，这让空出的两只手有机会做别的事。这个演化肯定和爬树有关系，包括人类在内的所有灵长类都可以用手爬树，不过人以外的灵长类在地上行走时，大部分还是要四肢同时着地，但有几种猩猩，偶尔也会仅用两只脚和一只手走路。

这个直立起来的变化，继而引发了其他几个重要的变化，特别是由于双手变得越来越灵活,能做的事情也越来越多。更关键的是,由于手的能力增加,大脑也跟着配合,互动式地同时发达。所以古人类自从直立起来后,有两个重要的演化相继发生。一是开始用手制造工具,拿不同形状和质地的石头,造出用来敲、打、钻、割等的工具以改造环境,或制作种种不同的武器来狩猎,保护家人及地盘。远古人的很多工具,如果是用木头或竹头做的,当然早已腐烂消失。可是他们的石器、洞穴壁画,以及用骨头凿塑的雕像和乐器(如几万年前的箫或笛),就能保存到现在。另一件重要的演化成果,就是我们独一无二的大脑。相较于跟我们最近的亲戚黑猩猩,人类的大脑比它们的大了四五倍。当然,大脑的功能不是单从大小能看得出来的。现代手机小巧玲珑,可是功能却要比早期庞大的电脑厉害得多。大脑和电脑的主要功能是用种种不同的方法处理信息,电脑里做这件事的最小单位是各种半导体,而大脑里的最小单位主要是各种神经元。一般来说,最小单位越多,处理信息的功能当然也越强大。

1.3　语言的演化:纵向及横向的传递

Origin 非常受欢迎,第 1 版几天就卖完了,并且翻译成很多不同的语言。那个时候在德国,有两个人是好朋友。一个是研究语言的大师,叫 August Schleicher;另外一个是研究植物的,叫 Ernst Haeckel,是个非常有名、非常有成就的生物学家。某人给了 Haeckel 一本书,是德文的 *Origin*。因为他们两个经常在后院里种花,Haeckel 就把这本书拿给 Schleicher。他说你看看这本书,也许会让你种花种得好一点。Schleicher 一拿到那书,就着魔了,他真是爱不释手。他从头到尾,看了好几遍,然后他说这不只是种花,而且还是一个非常重要的理论。所以,*Origin*

不是 1859 年吗？四年之后 Schleicher 就写了一本小书叫《达尔文理论与语言学》(*Die Darwinische Theorie und die Sprachwissenschaft*)。Sprach-wissenschaft 是德语的"语言学"。Sprach 是"语言"，Wissenschaft 是"科学"，两词合在一起就是"语言学"，所以书名是《达尔文理论与语言学》。① 他完全接受了演化论，而且说了一句很有趣的话，他说，"I was a Darwinian before Darwin"，因为他研究语言的时候，在看达尔文的书之前，很多时候有类似的想法，所以他这句话也很有名。他是19 世纪非常伟大的语言学家。印欧学的基础，他是个非常重要的贡献者。他还写了一本书叫《印欧系的语言》(*Compendium der vergleichenden Grammatik der indo-germanischen Sprachen*, 4th ed.)，他专门研究印欧语系，是这方面的权威。这本 1876 年出版的书是第 4 版了。为什么是第 4 版呢？因为有下图这棵树在里头，这是语言学里面的第一棵语言历史的树。左边是树的根，也就是原始印欧语。从根往右它就开始分了，分到最下支是印度的一些语言，再往上主要是现在伊朗、旧称波斯那里的语言。再来是希腊语，然后是拉丁语，等等，其他类在上面，最上面是德语。他画这棵树大概是看了 *Origin* 得到的方法。因为在 *Origin* 里达尔文曾经说过，语言应当是成组的，一组底下有另外一组。咱们一组一组画下去，这就是画树了。他同时也说，如果我们把语言的这个树画出来，把人类的树也画出来，人类的树，语言的树，这两棵树一定有很多相同的地方。这是非常有远见的话。所以 Schleicher 大概是受了这种思想的影响，也给印欧语系画了一棵树。而达尔文在 *Origin* 里就已经画了，那是生物学上很早画出的树图。

---

① 《方言》(2008:373—383)有姚小平先生的中译本。

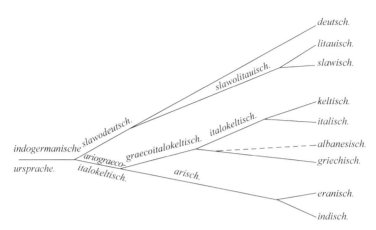

图 5　Schleicher 的印欧语系树图（1876）

　　Schleicher 还讲了一句我觉得很有见地的话。树不是有树根、有树枝吗？他说这些树的树枝，就是 the length of the lines，一定跟时间有关系。所以两个语言当中的关系，就是这些树枝加在一起的长度。所以要是我们想知道 Celtic 跟 Italic 这两个语族当中的距离，就应当计算 Keltisch 这个分支加 Italisch 这个分支的长度，这就是它们两个的距离、它们的关系。那个时候既没有数据库，又没有计算机，也没有种种非常厉害的统计方法，他能够想得这么远实在很了不起。

图 6　Cavalli-Sforza（1922—2018）

最近还是有很多人喜欢画树。印欧语系有多少语言呢？有一百多种。图 7 是前几年我在 *Science* 上取下来的,这次树根放在上头了。树根有人喜欢放在上头,有人放在底下,有人放在左边。最上面中间灰色部分是原始印欧语系,最右的分支是在新疆出土的吐火罗语言,最左的分支是斯拉夫语等。中间偏左是日耳曼,分三大族,最短的是东日耳曼,东日耳曼只有一个语言,叫 Gothic,很早就死亡了,可是留下了一些文献。现在大家学的英语是 West Germanic。英语只有一千多年的历史,跟我们汉语比起来,时间上就差得很远。中古英语 Middle English 是六七百年以前,上古英语 Old English 就是一千多年前。对比起来,上古汉语距今超过三千年。

达尔文说过,如果给语言画一棵树,给人类画一棵树,这两棵树应当很相像。达尔文那个时候当然没这个能力,现在我们的材料非常丰富了。有一位意大利科学家叫做 Cavalli-Sforza,他在美国科学院的学报 *PNAS* 里头,就拿达尔文的那句话当真,画了一个人类的树图,这是完全靠基因的;然后他又照着一些语言学家的说法,给世界的语言画了一张图,如图 8。就那么用肉眼看,看不出很多共同的地方;但是如果用统计方法,一步一步地算,这两棵树就的确有非常多共同的地方。所以达尔文的话基本是对的。

可是单靠画树能够表达出语言的历史吗？语言不是复杂得多吗？语言总是带有接触。比如这几年在香港,我发现香港话里面英语多得不得了。任何中国的方言里头,大概总是有北方借来的一些词。Schleicher 有个学生叫做 Schmidt,就是英语的 Smith,跟德语的 Schmidt 是同一个姓。Schmidt 就说,其实,画树有很多地方表达不出来。他说你抛一块石头进一个池子里,这块石头引起来的波浪就会往四面传播。那么离这个石头近的那处水,它的波动幅度就会比较高;传得很远的

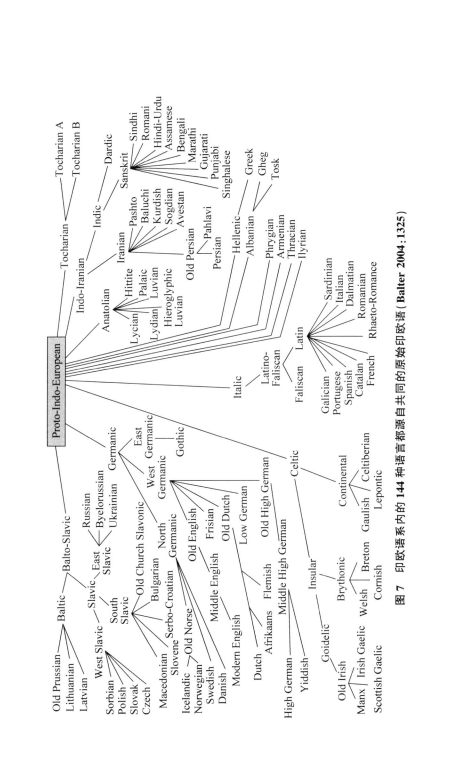

图 7 印欧语系内的 144 种语言都源自共同的原始印欧语（Balter 2004:1325）

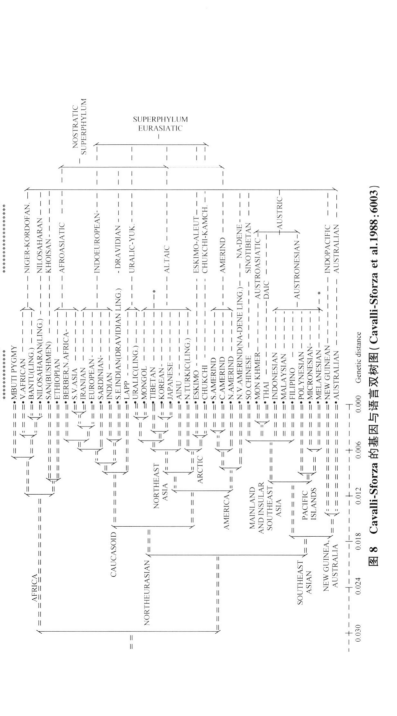

图 8　Cavalli-Sforza 的基因与语言双树图（Cavalli-Sforza et al.1988:6003）

时候，远处的水受到的影响就比较少、比较轻。他的书 *Die Verwand-tschaftsverhältnisse der indogermanischen Sprachen* 里头——亦即印欧系语言当中的关系——就提出了这个很有名的波浪理论 Wellentheorie，这些话其实很有道理。树图基本上只能表达纵向的发展；在纵向的发展之外，还有横向的发展。每个语言总是受这两种发展影响。比方Bloomfield 一本非常有名的书 *Language*（《语言论》），袁家骅先生曾经把它翻译成中文。这本书非常有用，比较了印欧语系里面的一些语族，Celtic 跟 Italic，探讨这些语言有什么样的特征。他把邻近语言中的一些共同特征都列了出来，这就很清楚地说明，地理上的因素非常重要。要是你跟这个村子很近，常常有人来往，你就会影响他们的语言，他们的语言也会影响你的语言。所以更宏观一点，就是像图 10。不过Bloomfield 讲的语言接触是很早以前的，是几千年以前的事情了。

　　语言的接触自然是人群的接触所造成的。以中国为例，我们常说中国有 56 个民族，除了人数最多的汉族外还包括 55 个少数民族。但"汉族"这个概念其实很复杂，本身就涵盖了多个历史上曾出现过的其他民族，如曾被称为"五胡"的鲜卑、匈奴、羯等。贾敬颜在《"汉人"考》一文中说得很清楚："中华民国代替了大清王朝，清朝的满、蒙、汉三个民族等级之成法自然在革除之列。中华民国申明，汉、满、蒙、回、藏是民国的五大民族，以它们为代表的'五族共和'表示了中国是一个统一的多民族国家。其实，当时的蒙、回、藏并不限于单一的民族，蒙古中至少包括达斡尔、鄂温克等，回部中包括回族、维吾尔、哈萨克等新疆地区信仰伊斯兰教的各民族，藏族则包括了羌族以至甘、青、川境内的一些语言属汉藏语系的民族。大概也只是在'五族共和'之说倡导以后，'汉人'才正式改称'汉族'。"

图 9　**August Schleicher**（1821—1868）与 **Johannes Schmidt**（1843—1901）肖像

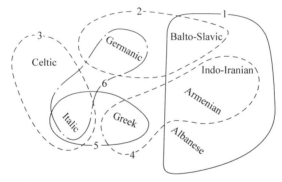

Some overlapping features of special resemblance among the Indo-European languages，conflicting with the family-tree diagram.—Adapted from Schrader.
  1. Sibilants for velars in certain forms.
  2. Case-endings with [m] for [bh].
  3. Passive-voice endings with [r].
  4. Prefix ['e-] in past tenses.
  5. Feminine nouns with masculine suffixes.
  6. Perfect tense used as general past tense.

图 10　**Bloomfield 论印欧语系内几个分支的相似特征**（1933:316）

1.4　语言文字的涌现及词汇的演化

为了能够迅速地发出很多不同的语音，我们的呼吸系统经过改造，尤其是肺部,能够发出长达几分钟不断的气流。舌头、软腭、喉咙、喉头都与大脑有大量的紧密联系。可是口语有个很大的缺点,就是话一说出来,声音就即刻消失,只有旁边的人可以听到这个信息。要弥补口语的这点美中不足,古人又发明了文字,让信息能够跨越时空广泛地传达下去。世界上最早的文字,应该算是 6000—7000 年前,西亚刻在黏土上的楔形文字,可是这种文字早已失传。而 3000 多年前,中国开始在龟甲及牛骨上刻汉字,这个文字系统一直传到今天。不过甲骨文作为符号系统已经相对成熟了,因此或许中国文字涌现的时间,要比甲骨文的出现更早!

从社会层面来看,语言促进群体团结合作。有了文字,我们就能共同克服时空的限制,把历代伟人的智慧、各地的科技创新,统整地连接、累积成多彩多姿的文明。语言能够帮我们了解遥远的过去,追踪到我们宇宙的起源;同时语言也能够帮我们计划未来,甚至思考许多根本不可能的事情。从个人角度而言,语言帮助我们整理思路、加强认知。稍后我们会从科学的角度讨论,语言是怎么运作的。这就不得不提到大脑了。

刚才我提的那个意大利朋友 Cavalli-Sforza,他那时候在 Stanford,我那时候在 Berkeley,我们经常见面讨论。我们说应当找一个比较现代的例子,什么样的例子呢? 我们就看到了南太平洋一系列的岛,共有 17 个。那个地区叫 Micronesia,因为那些岛个个都很小,所以叫 Micronesia。恰好几年前我有个朋友 Edward Quackenbush 研究那些岛的语言,他在 Michigan 大学写博士论文,记录了很多不同岛的词汇,每一个岛有几百个词。所以 Cavalli-Sforza 跟我就把这些岛与岛的距离,以英里画在 X 轴上;然后我们把它们的词汇对比一下,有多少是相似的放在 Y 轴上。所得出来的就是图 11 里很明显的那条曲线,这就是 Schmidt 所讲的地理上的因素。所以我们的那篇文章在 Language 上发表，叫做 *Spatial Distance and Lexical Replacement*。距离越近词汇保留得越相似，越远词汇就变得越不像，这是横向的影响。这个影响是什么样子的影响呢？只是词借来借去，还是有比较深的影响？

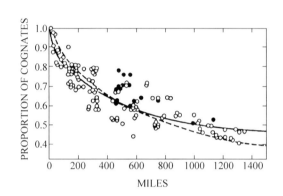

图 11　Micronesia 群岛的空间距离与同源词关系图
（ Cavalli-Sforza & Wang 1986：44 ）

　　我在台湾有个朋友叫连金发，他就开始研究这个问题。他用台湾的闽南语，台湾的闽南语有很多不同的层次。我们知道研究方言有时候说文白异读，L 是 literary，就是文；C 是 colloquial，就是白。因为他研究了那个方言好多年，所以知道哪个声调是文的，哪个声调是白的；哪个声母是文的，哪个声母是白的；哪个韵母是文的，哪个韵母是白的。所以有 3 样东西：声调、声母、韵母，每一样东西都有两个可能，可以是文可以是白，2 的 3 次方等于 8，所以共有 8 个可能。他发现 8 个可能完全都存在。比方图 12 第一个字"饲"（su 2b），意思是喂东西，像喂牲口，这个字完全是文的。第二个"誓"（tsua 3b）字完全是白的。第三个字"闹"（nāu 2b），它的声母是白的，韵母跟声调是文的。每个可能都有。我这里只是举一个例子，但是每一类都有很多词。显然这是一个双方向的影响。有的白的东西到文的层次里了，有的文的东西到白的层次里了。所以那篇文章就叫 *Bidirectional Diffusion*（《双向扩散》）。

他开始研究的是整个词的 lexical diffusion（词汇扩散），像这样子文白层次相互扩散是双方向的，所以这就叫 bidirectional diffusion in sound change，这篇文章收在一本书里头。语言总是混合的，来一套新东西，可以接受可以不接受。接受之后语言就变了，就包含了一些外来的东西。

	Initial	Final	Tone		Example
1	L	L	L	饲	su 2b'to feed'
2	C	C	C	誓	tsua 3b'oath'
3	C	L	L	闹	nāu 2b'noisy'
4	L	C	C	露	lou 3b'dew'
5	L	C	L	露	lou 2b'dew'
6	C	L	C	谢	tsia 3b'thank'
7	C	C	L	量	niō 2b'quantity'
8	L	L	C	誓	si 3b'oath'

图 12　双向的词汇扩散，以台湾的闽南语为例（改编自 Wang & Lien 1993）

英语很容易看出是一个混合语。英语是哪里来的？英语是欧洲北岸的人群一波一波移民过去的，不都是和平地移民，往往是战争之后占领了那些地方。从荷兰、德国都有人迁移过去，包括 Angles、Saxons、Jutes、Frisians，这些人群混合出来的语言就是上古英语 Old English，也可以叫 Anglo-Saxon，Anglo-Saxon 跟 Old English 是同一样东西。这些人迁移过去之后，当然每群人都有自己的母语，这些母语一开始的时候很难互相沟通。但是久而久之，一个混合语就涌现出来了，这就是英语的来源。所以，一开始的时候英语有很多区域语言是完全不同的。但是这一千多年来，我们可以看到英语是个典型的混合语。我记得在念书的时候，老师总是跟我们说，一个语言是单纯的，偶然有时候借来借去一点东西，我觉得这个太不注重横向的影响了，我猜想每一个语言都是混合的。而另外一个很明显的例子就是日语。日语里头有好多汉语借词，这几十年又有好多英语的借词。把这些词汇一个一个层次都分析出来，才能够真正地了解一个语言的真面目。

画树给你语言的纵向发展，波浪给你横向的发展。有没有办法能够把它们综合在一起呢？我们还没有什么好的办法，不过我在1989年尝试过一次。那个时候有十几个台湾的原住民语言，像 Atayal（泰雅）、Tsou（邹）、Paiwan（排湾），这些都是南岛语，都在台湾。一位叫 Tsuchida 的日本语言学家，整理过这十几个语言的基本词汇，我就用了他发表的材料，以 numerical taxonomy（数值分类学）的方法画了一棵树。可是那棵树非常不好，跟它原始的材料有很大的出入。因为一开始画出来的树非常不好，所以我就想不好的原因可能是，它没有把横向的发展表达出来。于是我就开始移动，把有些原本归到这类的词挪到那一类，把其他应当在那一类的词，挪到这一类，这就是图13上的那些虚线。挪了之后，这个树就与原来的资料一致了。这是一个初步的办法，也许能够把纵向跟横向的发展，都画在一棵树上。可是这只是非常初步的一个探试。

我在香港有个念数学的朋友，叫 James Minett。最近我跟他写了好几篇文章，讨论这个问题，最近一篇是在 *Lingua* 上发表。① 前几年有一篇在 *Diachronica*，另有一篇在伦敦的 *Philological Society* 上发表。②

现在我们再讨论语言的变化怎样从一代传到另一代，一个语言怎样影响另外一个语言。这些变化无穷的语言，是哪里来的。我觉得如果我们没有这么厉害的大脑，就不可能有语言。所以我这一系列的讲演，是希望把三个东西用结合的方式一起讲。一个就是语言，一个是演化，演化跟语言我都讲了一些，现在我想提一提大脑方面，以后每一次演说大概这三方面我都会讲。

---

① Minett & Wang 2008.
② Minett & Wang 2003; Wang & Minett 2005.

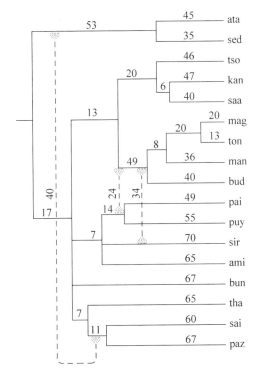

图 13 台湾南岛语系树图,包括纵向与横向传递(Wang 1989:31)

1.5 大脑与语言:早期研究

大脑的解剖历史不久,只有几百年。比利时的科学家 Vesalius,是历史上第一个把人的大脑解剖开来的人,而且他画大脑画得非常好。他把头皮剥开,看得到里头凸出来的地方与凹进去的地方。

凸出来的地方英文叫做 gyrus,就是脑回;凹进去的地方叫脑沟,英语是 sulcus。虽然 Vesalius 并没有很完整地给我们画出来,但是我们已能很容易看到有脑回、脑沟,有很多血管,有左大脑、右大脑,这两块大脑是分开的。把图 14a 跟 14b 一比,我们就可以看到他绘的图相当

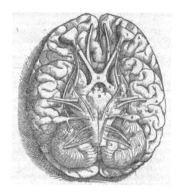 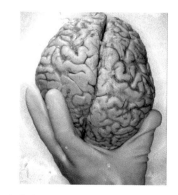

图 14a　Vesalius 所绘的大脑　　图 14b　人类大脑(Higetag&Barbas 2009:67)

逼真。古希腊的学者 Aristotle(亚里士多德),根本不知道大脑是干什么的。他以为,因为血液有时候会很热,所以血液流到大脑里去,让它冷却一下。

　　"大脑,或是不具备大脑的生物所拥有的那个相应器官,是整个身体里最清凉的部位。因此,就像湿气被阳光一晒就会蒸发,当血液流到身体上部,被冷却而变得浓稠时,它就又会往下流,再一次变成水;所以排泄物的蒸气如果因热被携带到脑部时,会凝结成"黏液"(因此黏膜炎才会被认为是从头部开始的);而那股有营养、健康的蒸气变得浓稠后,就会下沉去冷却热的部位。脑部血管的纤细和狭窄,确保了大脑可以维持低温,也促使蒸气不会随意蒸发。这就是身体冷却系统运作的方式,不过蒸气却都是相当高温的。"①

---

① "For the brain, or in creatures without a brain that which corresponds to it, is of all parts of the body the coolest. Therefore, as moisture turned into vapour by the sun's heat is, when it has ascended to the upper regions, cooled by the coldness of the latter, and becoming condensed, is carried downwards, and turned into water once more; just so the excrementitious evaporation, when carried up by the heat to the region of the brain, is condensed into a 'phlegm' (which explains why catarrhs are seen to proceed from the head); while that evaporation which is

Hippocrates 发表过下面更正确的看法，①可是很可惜的是这一千多年来，大家都以为 Aristotle 的讲法是对的。

> "人类应该知道，只有大脑能带来喜乐、愉悦、欢笑、嘲弄、悲愁、忧伤、沮丧与叹息。也只有靠大脑，借由特别的方式，我们才能获取智慧与知识，看到、听到、知道东西的优劣、好坏、甜美或无味……同时也因为这个器官，我们才会变得疯狂、错乱，充满恐惧与惊骇……我们得在大脑不健全的时候忍受这些情绪……因此我认为大脑对人的宰制权最大。"

Vesalius 把大脑解剖之后，说它原来是这个样子的，并不是一个冷却的工具。可是大家还是不大知道大脑到底是一个什么东西。19 世纪有个新花样，叫做 phrenology（颅相学），有段时间很时髦。是说大脑里头有很多部分，如果你让一个专家去摸你的头，他就可以告诉你，你这一点发达，那一点需要加强等，然后他就给你很多不同的解释。像图 15 耳朵上面这一段是 acquisitiveness，是说你很贪。稍微往右是 tune perception，是说你听音乐很行。正上方 hope 这一块是会很有希望，都

（接上页）nutrient and not unwholesome, becoming condensed, descends and cools the hot. The tenuity or narrowness of the veins about the brain itself contributes to its being kept cool, and to its not readily admitting the evaporation. This, then, is a sufficient explanation of the cooling which takes place, despite the fact that the evaporation is exceedingly hot."

① "Men ought to know that from nothing else but the brain come joys, delights, laughter and sports, and sorrows, griefs, despondency, and lamentations. And by this, in an especial manner, we acquire wisdom and knowledge, and see and hear and know what are foul and what are fair, what are bad and what are good, what are sweet and what are unsavory... And by the same organ we become mad and delirious, and fears and terrors assail us... All these things we endure from the brain when it is not healthy... In these ways I am of the opinion that the brain exercises the greatest power in the man."（引自 Tublitz 2009:509）

是胡说八道的东西。不过在欧洲，phrenology 好几十年都非常流行，它只是一种迷信，是想象中的大脑组织，完全没有根据的。

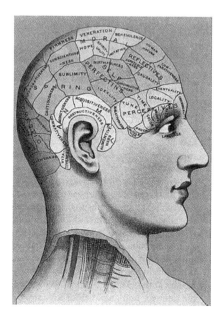

图15　19世纪想象的大脑组织
© iStockphoto

可是也是在19世纪初的时候，就有人发现，当一个人身体瘫痪的时候，比方左边瘫痪了，说话听话却没有什么问题；可是要是他（或她，下同）右边瘫痪了，有时候话就说不出来了，或者你跟他说话时他听不大懂。所以有人就想，也许因为那时候他们已经知道，身体的左边是右大脑控制着，右边是左大脑控制着，所以很可能语言就在左大脑里头。巴黎那时候有个非常有才华的人类学家、医学家，叫 Paul Broca。Broca 有个病人，那个病人说话很有问题，总是结结巴巴的，而且没有语调，一个字一个字发出来，没有语调把它们连在一起。你跟他说话，他完全听得懂，但是他表达能力不行。后来过了一阵子这个人去世了，Broca 就解剖他的大脑。发现他的左大脑前头的部分,有个很大的地方损伤了,那些神经系统在那里好像完全不够用了。Broca 就说,也许他这种病症是跟脑部的那一个区域有关系。所以在 1861 年他就写了一篇非常有名的文章,叫做《对 aphasia 新的观察》（*Nouvelle observation d'aphémie produite par une lésion de la moitié postérieure des deuxième et troisième circonvolutions frontales gauches*）,法语的 aphémie,就是失语症,即英语的 aphasia,是在左大脑第二或者第三个额回的后半边。他就指出一个区域来了,这就是我们现在叫的 Broca's area。所以这可以说是研究语言跟大脑的第一部杰作。

Jules Dejerine
（1849—1917）

Paul pierre Broca
（1824—1880）

Carl Wernicke
（1848—1904）

图 16　研究语言障碍的三位先驱

几年之后在德国,又有个非常有才华的医生 Carl Wernicke。Wernicke 的病人跟 Broca 的病人很不一样。Wernicke 的病人说起话来非常流利,如果在隔壁的房间里听他说话,你会说这个人很正常,语调也很好,有高有低等等。但是你如果仔细听,会发现他的话没有意义,而且他会说出很多新的话出来,都不是词。比如我现在造一个词出来,"都那",你查词典没有这个东西的吧;或者"买密"。Wernicke 的病人,就很容易发出这些词来,听起来好像是词,但是其实不是词,是非词。在这方面,19世纪跟达尔文差不多年代有个作家,叫 Lewis Carroll,他写过一首诗,叫做 *Jabberwocky*,可能很多同学读过这首诗。诗比较长,我这里只节录前两段。

> 'Twas brillig, and the slithy toves
> Did gyre and gimble in the wabe;
> All mimsy were the borogoves,
> And the mome raths outgrabe.
>
> Beware the Jabberwock, my son!
> The jaws that bite, the claws that catch!
> Beware the Jubjub bird, and shun
> The frumious Bandersnatch!

这首诗是什么意思呀?没有什么意思是不是?例如 brillig,你查再大的词典也没有这么一个词。slithy,好像是个形容词吧,可是形容什么东西啊? toves 一定是复数,是不是?因为后面有个 s。Wernicke 的病人,说出来的就像这样。在 *Alice in Wonderland* 中,Alice 听了这首诗后,她说 It seems to fill my head with ideas, but I don't know what they are.(我好像听到什么东西,但是不知道什么意思)所以,Broca、Wernicke 失语症,是两种很不一样的病症。有时候,同一个语言里头可以把这两种病症显示得很清楚。

赵元任先生曾经把 *Jabberwocky* 译成中文,①请参见图 17。翻译原

---

① Chao 1976.

本就是件非常困难的工作。意大利语里有句很生动的话：traduttore，traditore，翻译者是背叛者，意思是不可能把原有的语意完全真实地用另外的语言表达出来。可是赵先生在这里把英语的非词译成了汉语的非字，并且是可以读的形声字，这真是非常巧妙的方法。

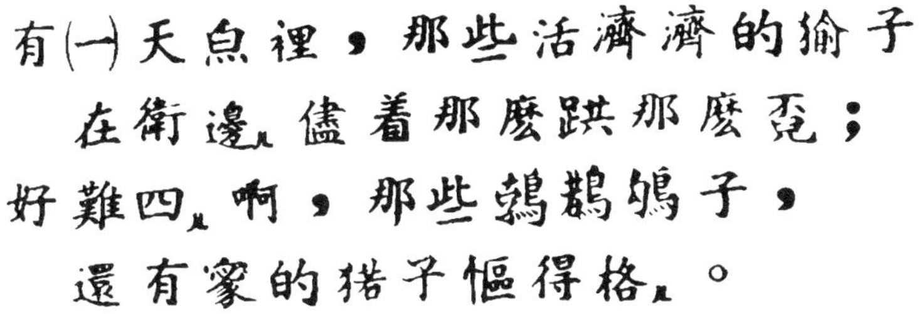

有(一)天点裡，那些活濟濟的貐子
在街邊，儘著那麼跌那麼虓；
好難四，啊，那些鵏鵋鳩子，
還有象的猪子慪得格。。

图 17　赵元任译文（Chao 1976：166）

yǒu yìtiān béilǐ, nèixie huójìjīde tōuzi

zài wéibiār jǐnzhe nèm góng nèm bér;

hǎo nánsèr a, nèixie bōrógōuzi,

hái yǒu mīade ràzi ōudeger.

19 世纪研究语言和大脑的还有位先驱，是法国的 Jules Dejerine,[1] 他是第一位用科学方法把失读症 alexia 描述出来的医生。[2] 他所研究的病人，视觉完全正常，可是却丧失了阅读的能力，连一个个的字母都无法念出来。虽然这个病人没有失写症（agraphia），但他自己写出来的字句却无法自己读出来，而要别人念给他听，所以 Dejerine 就把这个人的病症叫做 alexia sine agraphia，意思是无失写症的失读症。这些人的损伤位

---

① Dejerine 1892.

② 如果失读的情形不是非常严重，有时也称为 dyslexia，因此也有人译为阅读困难或阅读障碍。

于大脑后部,那个区域现在有人称作 visual word form area(Dehaene 2009)。

这三位先驱 Broca、Wernicke、Dejerine 都把不同语言的功能,归于大脑的不同部位,他们的方法都偏向于 localization,也就是把病因固定归于大脑的局部。可是 20 世纪,有些专家觉得大脑的功能主要分布在整个神经系统里,不该把大脑各区的功能划分得太严格。(Goldstein 1948)

正如 Damasio(2003:73)所说:"任何复杂的心智功能,都来自不同层次的中枢神经系统里许多大脑区块共同的贡献,而不是单独一个大脑区块的运作所致……"(Any complex mental function results from concerted contributions by many brain regions at varied levels of the central nervous system rather than from the work of a single brain region …)

1.6　两个失语症的例子

日本话里头有很多汉语借词,它借这些汉语词的时候,也把汉字借过去了。汉字代表的实词后头许多音节都是词缀,用汉字无法写,所以他们就发明了另外一种注音的文字叫做 kana(假名)。kana 基本上还是用汉字,但只取它的一部分,然后拿那一部分来代表音,不是代表一个辅音或者元音,而是代表一整个音节。所以也是拼音文字,但不是一个音段的拼音文字,而是音节的拼音文字。比方图 18"阿"取了左边,这个就是假名的ア(a)。"伊"也取了左边,是イ(i)。再往下分别是ウ(u)、エ(e)、オ(o)。"加"取了左边是カ(ka),再来是キ(ki)、ク(ku)、ケ(ke)、コ(ko),所以这些是假名。看日文的时候,差不多每个句子里头都有汉字,有些是汉字,有些是假名。假名主要是代表它们语法上的词跟词当中的关系。比方图 19 就是一个例子。这取自我一个朋友写的一本书,讲世界上种种的文字。"ところが"(tokoro ga)这些都是假名。"若ぃ"(WAKA. i),是汉字加假名。HITO 就是"人",是写汉字。"人たち"（HITO. tachi）是"人们"。"から"（kara）是写假名，"くる"（kuru）是写假名。"手紙は"（TE-KAMI wa）中，TE-KAMI 是"信"，用汉字来写，wa 是名词后的虚词，用假名来写。每个句子都这样的，差不多。这种文字在大脑里会怎样存在呢？这是很有趣的问题。在 20 世纪二三十年代，他们就发现日本人有失语症的时候，有的是丢了汉字，有的是丢了假名。东京的学者 Sasanuma 给《中国语言学报》写过一个报告。[①] 比如有个病人叫 MT，是个 Broca 失语症的人。你叫他写很复杂的汉字，大多部分他都会写。比方图 20a 里的"着物"，"着"是 KI，"物"是 MONO。"着物"写出来不简单，好多笔画他却写出来了。

图 18　取汉字偏旁的日语片假名（Wang 1991a：275）

1. *Japanese*：	ところが、	若い	人たち	から	くる
2. *Transliteration*：	tokoro ga,	WAKA. i	HITO. tachi	kara	kuru
3. *Transcription*：	tokoro ga	waka-i	çito-tatʃi	kara	kɯrɯ
4. *Gloss*：	however	young-ADJ	person-PL	from	come
1. 手紙は、	大半が	横書きなの			である。
2. TE-KAMI wa,	TAI-HAN ga	YOKO-KA. ki na no			de aru.
3. tegami wa	taihaŋ ga	joko-ga-ki na no			de arɯ
4. letter TOP	majority SUBJ	horizontally-write-ADJ NOM			is/are

图 19　日语的书写系统（Smith 1996：215）

---

① 　Sasanuma 1974.

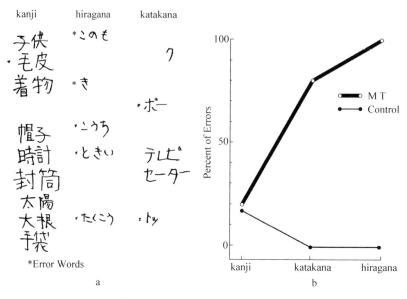

图 20a、b　日语的 Broca 失语症病人（Sasanuma 1974：145、146）

　　但是你叫他写假名的时候，日语里头有两种假名，一种叫平假名 hiragana，一种是片假名 katakana。刚才图 19 的那些あいうえお（a i u e o）是平假名，另外一种如图 18 比较正的叫片假名。MT 这个病人片假名也写不大成功，平假名也写不大成功，因为他的 Broca 区受伤了。这个可以用 CT scan 研究出来。图 20b 说明病人 MT 写日文时有多少错误。他写汉字的时候，没有很多错；但是他写假名的时候就一下错好多，有的甚至都错，没有一个对的。下面那条细线是一个没有得病的人做 control（对照组）。所以 Broca 和 Wernicke 失语症在这里分得很清楚。

　　另外一个例子是在汉语里头。南加州大学有个 Sylvia Chen，有篇文章是她跟 UC San Diego 一个非常有名的心理语言学家 Elizabeth Bates 合写的，发表在 *Aphasiology* 上。① 这个杂志专门研究失语症。她

―――――――――

① Chen & Bates 1998.

们找了 10 个 Broca's aphasic,10 个 Wernicke's aphasic。图 21 有他们的年龄、性别。他们都是用右手的。因为用右手的人,语言多半在左大脑,但用左手的人,语言可能在左大脑或右大脑,这就比较不一致。图最右边一栏注明他们受的是什么伤,几乎都是在左大脑受的伤,所以栏内第一个字多半是 left。有的伤在 Broca's area,有的伤在 Wernicke's ar-ea。Sylvia Chen 拿很多图片给这些病人看,问这个东西是什么东西,或者这种动作是什么动作。有的图画的是动作,有的是东西。比方有的东西是电话、火车、衣服、报纸,这种词她一共有 62 个。这一类词,是两个名词组成一个名词组。"电"是名词,"话"是名词,加在一起还是个

Broca's						
2	37	Male	Right	8 years	Head injury	Left FTP
4	32	Male	Right	5 months	Head injury	Left frontal lobe
7	37	Male	Right	4 months	CVA	No CT report
11	43	Male	Right	5 months	CVA	No CT report
21	69	Female	Right	20 years	CVA	Left MCA territory
23	36	Male	Right	5 months	Head injury	Left FT; right frontal
28	70	Male	Right	5 months	CVA	Left frontal
29	56	Female	Right	4 months	CVA	Left basal ganglia
30	64	Male	Right	3 months	CVA	Left putamen
31	62	Male	Right	1 month	CVA	Left frontal-parietal
Wernicke's						
6	47	Male	Right	3 months	CVA	Left lateral ventricle/sulcus
8	59	Male	Right	14 months	CVA	Left temporal
15	54	Male	Right	3 years	CVA	Left basal ganglia
17	62	Male	Right	2. 5 years	CVA	Left FTP
20	67	Male	Right	2. 5 years	CVA	Left FTP
22	69	Male	Right	8 months	Haemorrhage	Left putamen/internal capsule
25	68	Male	Right	10 months	CVA	Left temporal
35	62	Male	Right	2 months	CVA	Left lacunar infarction
36	63	Male	Right	3 months	CVA	Left TP
37	47	Male	Right	1 month	CVA	Brainstem, pons

图 21　参与实验的两种失语症病人(Chen & Bates 1998:33)

名词。有的如算盘、飞机、跳棋,共 28 个。这类是动词加名词,结果是个名词。如"算"是动词,加上"盘","算盘"是名词。最后一类如浇水、跳舞等,共 33 个。这一类是动词加名词,结果却是动词。如"浇"是动词,"水"是名词,但是放到一起是动词。"他在做什么? 他在浇水。"你不能够说:"他在做什么? 他在算盘。"在这种形式下,能够很清楚地看出来如果是 Broca's aphasic,病人的动词就有问题,无论是单独的动词,还是名词里面包含的动词。

1.7 大脑与语言:Geschwind 的综合理论

Broca、Wernicke 这两区,怎么连起来? 20 世纪中叶,哈佛大学有一个非常有名的神经学家 Norman Geschwind。他说过一句很有见地的话(Geschwind 1974: 88):"……除非我们对语言的神经机制有合理的概念,否则无法真正理解语言。"(... a real understanding of language will not be achieved until we have a reasonable notion of its neurological mechanisms.)Geschwind 的一个成名杰作,就是解剖了一百个大脑。图 22a 左上是左大脑,右上是右大脑。然后他拿他的那把刀,就照着图中央那条虚线,从虚线横切进去,上头那块切下来之后拿掉了,我们从横切面上方往下看就是 22a 左下这一块;同样,右上是右大脑,他把刀从虚线那里进去,切掉上面一块,剩下来的就是 22a 右下这一块。他解剖了一百个大脑。为什么要这么做呢? 他想知道从大脑的外表上看来,有语言跟没有语言是不是能够看出什么不同的地方。他的结论是,左大脑的一块区域,对语言非常重要。图 22a 上面没有写,22a 下面写了 Wernicke's area 威尼基区。可是那块有关语言的区他给起了个名字叫做 planum temporale(PT,颞平面),就是拉丁语的 temporal plane。这个

planum temporale 就是深灰色威尼基区左边那一块脑区,对语言最为重要,就在 Wernicke's area 的旁边。在这一百个他解剖的大脑里头,planum temporale 在左大脑里比较大,在右大脑里比较小。一百个大脑里绝大部分是这样子的,也有差不多大的,不过绝大多数的人是左边大。同时 Geschwind 也解答了另外一个问题,图 22b 是左大脑。一个一个凸出来的就是刚才我们说的脑回,凹进去的就是脑沟。Broca 区就在左边深灰色部分。这是 Geschwind 的图片。Wernicke 区是在中间偏右。这个其实蛮合理的,为什么呢? 因为中间灰色这一块大脑,是管我们的动作的。我们说话的时候,一定要动嘴巴、舌头,种种的肌肉、胸部、喉咙等等都是 motor 的。因为 Broca 跟发音最有关系,所以 Broca's area 就在那个 motor area 管舌头、嘴巴的旁边。另一个也很有道理的是,Wernicke's area 在听觉区旁。运动皮质下方的外侧沟下面,有个叫初级或主要听觉区(primary auditory area),有时候也叫 Heschl gyrus(黑索氏回;颞横回),它就在 Wernicke's area 的旁边,是听语言的。很多别的知识、信息都在这里传给 Wernicke's area。Geschwind 就说,我们既然有 Broca's area,有 Wernicke's area,那么一定有一大串线路把它们连在一起。这些线路,他在图上画出来,弓形的,如图 22c 中间那些线,他就叫做 arcuate fasciculus 弓状束,因为像个 arc,fasciculus 就是一串神经。这只是他讲的,到底有没有证据呢? 不大容易拿出具体的证据来。Geschwind 大概是 20 世纪 70 年代逝世的,很多人还不知道他的说法是真是假。一直到两三年以前,用非常先进的科技,才可以在正常人的大脑里发现这一区跟那一区到底有哪些神经连起来。有篇文章是 Catani 跟一组人写的,叫做 *Perisylvian Language Networks of the Human Brain*。[1]为什么叫 perisylvian 呢? 因为有个好大的沟叫做 Sylvian fissure(西尔

---

[1] Catani et al. 2005.

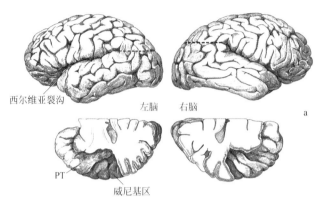

西尔维亚裂沟　　　　　　左脑　右脑　　　　a

PT　　　　　　威尼基区

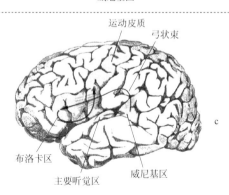

图 22a、b、c　大脑结构图(Geschwind 1979,转载 Wang 2008:130、119、121)

维亚裂沟;薛氏裂),有时候叫 lateral fissure(外侧裂),有时候叫 lateral sulcus(外侧沟)。生理学家有时候也不大一致。所以他的文章所说的 perisylvian,就是绕着 Sylvian fissure 的一串神经(见彩图 23)。这个很不容易,现在我们有技巧,能够在一个活生生的人的大脑里看到他的神经系统到底是怎么连起来的。如果几十年前,有人问我,你为什么不研究语言跟大脑呀？我会说这实在是非常有趣的问题,但是目前我们没有工具,没有知识,当然不够资格去研究它了。现在不同了。这几十年的科技在这方面的进展,让我们相当有信心可以把大脑跟语言一起研究,用大脑来研究语言,也用语言来研究大脑。没有比这个更有趣的挑战了。

刚才王老师介绍我的时候,说我教书教了好几十年了,我觉得这几十年我最大的乐趣就是能够跟年轻的同学讨论一些有意义的东西。语言是非常有意义的。因为就像蔡元培说的,没有语言就没有人,人类最特有、最得力的工具就是我们的语言。所以我今天探索的东西就是,语言是怎么来的,当然跟大脑的发展有非常密切的关系。

我这里再很快提一篇几年前发表在 *Brain and Language* 上的文章,篇名叫 Broca and Wernicke are dead, or moving past the classic model of language neurobiology(Tremblay & Dick 2016)。我觉得这个标题有点不恰当,在 Broca 和 Wernicke 的年代,对语言神经生物学的认识固然没有现在这么深入,但也不能一味抹杀他们对古典理论的贡献。

1.8　理性与感性:情绪与认知的关系

19 世纪中叶,Broca 和 Wernicke 在欧洲做研究时,美国东北部发生了一件很值得注意的事。有个名叫 Phineas Gage 的工人,在用火药炸石头开路。他因工作需要得在石头里先倒入火药,然后在火药里埋上导火线，再铺上一层沙。可是 Gage 一时大意，在铺沙前不小心点燃了火药，火药的爆炸威力使一根很长的铁棍将他的左脸颊刺穿了，并从头颅上飞出去，把他的大脑切去了一大块。可是 Gage 不但没有被炸死，他还自己爬起身来，走了几十步去求救。最神奇的是，他没有失去语言的能力，可是性情却有了彻底的转变。之前他是个可靠、友善的 25 岁小伙子，之后他变成一个完全不负责任、经常破口大骂，人人都讨厌的人，所以一辈子光棍。

可惜那时没有条件仔细研究 Gage 的大脑及心理变化。100 多年后，Damasio 夫妇取得了 Gage 的遗体，用先进的方法测量了他的头颅，并在 *Science* 上发表了一篇相关报告。[1] Damasio 很早就对语言有兴趣，1984 年他和 Geschwind 合写了一篇关于神经语言学的权威文章，[2] 十年后他又撰写了一本很重要的书，就是我在前面提过的《笛卡尔的错误》(*Descartes' Error*)。根据 Damasio 的看法，笛卡尔把人的理性与感性区分得太绝对、太死板。而 Damasio 的看法是，理性和感性是认知的两大部分，而且这两部分无时无刻不在互动。我们可以说，Gage 的意外没有太影响他的理性，包括他的语言能力，可是在感性、感情、感觉、情绪等方面，他完全变成了另外一个人。

Damasio 的立场与目前语言学的发展配合得很好，语言学在音系、构词、句法方面都已经有很好的成就，可是怎样研究语义、语用，尤其是涉及感性方面的很多概念，我们却还没有打好基础。很多语言学家都在提倡要把理论具体化，从身体的感觉与情绪来了解词和词组的结构。系统研究感性的传统，又可以追溯到达尔文，他 1872 年的书，[3] 为这方面的核心概念奠定了根基。

---

① Damasio et al. 1994.
② Damasio & Geschwind 1984.
③ Darwin 1872/1998.

Plutchik 写过一篇分析感情的文章,题为"情绪的本质",发表在
《美国科学人》(*American Scientist*)上,他的情绪理论可以用彩图 24a①
来说明。他把人类的基本情绪可分为八类:joy、trust、fear、surprise、sad-
ness、disgust、anger、anticipation。可是这八类基本情绪的每一类都可以再
细分为强或弱,如强的 joy(喜悦)是 ecstasy(狂喜),弱的 joy 是 serenity
(宁静)。Plutchik 还说,这八种基本情绪中,相近的两种还可以再合并或
融会成八种新的情绪,如"喜悦"和"信任"两种基本情绪又可以合并为
"爱"。因此图片上一共有 32 种情绪。我把他圆锥图上的各种情绪改用以
图 24b 的形式呈现并附上中文翻译,大家可以看看同不同意这样的分法。

	WEAK 弱	BASIC 基本	STRONG 强
1.	Serenity 宁静	Joy 喜悦	Ecstasy 狂喜
	Love 爱		
2.	Acceptance 接受	Trust 信任	Admiration 钦佩
	Submission 顺服		
3.	Apprehension 顾虑	Fear 害怕	Terror 恐惧
	Awe 敬畏		
4.	Distraction 分心	Surprise 惊喜	Amazement 讶异
	Disapproval 不赞成		
5.	Pensiveness 沉思	Sadness 难过	Grief 悲伤
	Remorse 悔恨		
6.	Boredom 无聊	Disgust 厌恶	Loathing 憎恶
	Contempt 鄙视		
7.	Annoyance 厌烦	Anger 生气	Rage 愤怒
	Aggressiveness 攻击性		
8.	Interest 兴趣	Anticipation 期待	Vigilance 警觉
	Optimism 乐观		
	(Serenity 宁静	Joy 喜悦	Ecstasy 狂喜)

图 24b 强弱程度不同的八种基本情绪及其组合(Plutchik 2001:349)

① Plutchik 2001:349.

　　关于这类研究，我们可以提出两个问题。一是这 32 种情绪，是不是所有人都有？还是只限于以英语为母语的人？或是就算所有人都有这些情绪，他们的语言中都有相应的词汇能表达出这 32 种情绪吗？色彩的研究可以给我们一些启发。有的语言只有区分冷暖色系的两个颜色词，有的语言却有丰富的词汇来描述不同波长的颜色。颜色词稀少的人群，也许并不代表他们看不到不同颜色间的差异，而只是反映出在这些人的文化中，他们不觉得有需要区分那么多不同颜色。十几年前，有学者曾经明确指出，西方的研究成果，绝大部分来自 WEIRD 的实验者和受试者，[①]因此不一定适用于别的人群。WEIRD 这个缩写代表 Western、Educated、Industrialized、Rich、Democratic。

　　要回答第一个问题，我们可以初步调查一下这些词如何译为别的语言，不过是否所有语言里都存在那么多意思相近的情绪词，又或者这些近义的情绪词是否真的代表情绪上的强弱差异，可能说不同语言的人会有不同的看法，甚至在同一个语言里，不同的人也有不同的语用习惯。所以到底应该怎样描述人类的情绪、怎么建立标准，目前的研究距离这些目标还是很远。

　　第二个问题和第一个问题有密切的关系，就是这些情绪是怎样在大脑里产生的。就像上一节里引过的 Geschwind 的话：要真正理解语言，我们必须了解语言的神经机制，针对这一方面的研究还是很少，这里先提一篇。目前脑成像的仪器已越来越普遍，关注情感的科学家也在增多，相信这个领域的进展也会逐渐加快。

　　这篇文章来自德国一组认知科学家，文章的标题是 The quartet theory of human emotions：An integrative and neurofunctional model（人类

---

　　① Henrich et al. 2010a、2010b.

情绪的四重理论:一个整合兼神经功能性的模型)。① 就像题目所说,他们的论点是依据大脑的结构,把人类的情感系统分为四个起源,也就是四个核心部分(见彩图25)——分别以脑干(图中橘色部分)、间脑(绿色部分)、海马体(蓝色部分)和眶额皮层(红色部分)为中心的四个部位。至于这四个脑区是不是能跟Plutchik的32种情绪拉上关系,就有待以后的研究揭晓了。不过这个情绪理论整合了心理学、神经生物学、社会学、人类学和心理语言学对情绪的观点,以跨学科的方式拓展了我们对情绪的认识。

1.9 问答

提问1 学英语的人和学汉语的人,大脑会有什么不同? 或者什么部位有什么活动? 之间有什么关系?

答:这是个非常有趣的问题。我们学语言的时候大脑怎么会让这个经验影响它。我觉得我们第一要区别,学母语跟学第二个语言是很不一样的,学母语的时候神经系统非常灵活。因为在头五年、十年的时候,神经系统发展得特别快。它跟哪个神经网,跟哪个神经元结合的时候,做那样事情就方便得多、快得多,跟别的神经元关系也就因此比较远了。所以小孩如果出生之后头几年,老是在听汉语,神经活动就依照汉语系统的需要那么发展下去。等到十几岁了,puberty青春期开始,就是男孩的声音低了,女孩的生理有种种的发育了,之后大脑神经系统的改变就慢得多了。所以学母语从来不会有问题的,除非有很严重的病症,不然不管什么语言,再难的语言一岁左右,也已经可以开始发音了,两三岁就可以说话了。但是神经系统一旦跟别的神经系统结合起

---

① Koelsch et al. 2015.

来,要改变那些结合就难了。这个很容易看到。比方一家人移民到美国去,六七岁的小孩在街上跟别的小孩玩,一两个月之内他的英语就说得够用了,而且没有口音。如果是十五六岁,学起来还是比父母容易,但是可能会有一点口音。

我是十五岁从上海到美国去的。要是我特别小心的话,也许在电话中人家听不出我是中国人。但要是我累了,喝太多啤酒了,有时候就听得出我好像不是土生土长的美国人,英语不是我的母语。等到你念大学或三四十岁了,要想说一口流利的外语,就会越来越难了。写东西是另外一件事情。有的人四五十岁、五六十岁再学另外一个语言,还是能够写出一流的小说来。但是说话时,一开口就完全不像了。20世纪哈佛大学有个非常有名的语言学家叫做 Roman Jakobson。他是俄国人,在莫斯科长大,然后由于种种原因在欧洲漂泊了好多年。他在布拉格待过一阵子,语言学有个很有名的社团叫做 Prague Circle,叫布拉格学派。Jakobson 就是那个学派一个主要的角色。我听过他几次讲演,我在 Michigan 还没有毕业的时候,有一次 Jakobson 到 Michigan 来讲演。我记得很清楚,那个时候系主任介绍他:"Ladies and gentlemen, I have the honor(我很荣幸)of introducing to you(来给你们介绍)Roman Jakobson, the greatest linguist of the world(世界上最伟大的语言学家), the only linguist(唯一的语言学家)who can speak 12 languages, all in Russian."俄语也好,英语也好,德语也好,挪威语也好,法语也好,这些话他都会说,但是听起来都像是俄语。下一次我还会再讲到 Jakobson。

提问 2 请您说说语言的演化和大脑的演化有什么关系?

答:这个问题很大,我想挑比较重要的一点讲一讲。我今天是因为刚开头,所以只讲到 Broca's area、Wernicke's area,这都是皮质上的东西。但是我们的大脑不是只有皮质,我们的大脑是几百万年一层一层累积起来的。尤其是皮质底下有很多东西,一定是跟语言有关系的。

比方说，我们汉语里头有声调，有的声调是平的，像 ma^1，有的声调要么升得很快，要么降得很快。像 ma^2、ma^4。平的我就把它叫做 non-contour，有升降的这些是有 contour（曲折）。最近我有一个朋友用电极放在头脑上做 EEG，EEG 我下次会讲得比较仔细。他就看外国人听这些汉语里面的声调跟中国人听汉语里面的声调有何差异。[①] 他发现，不是在皮质上，而是在脑干（brainstem）上，中国人的脑波就能够随着升或降的频率振动，完全一致地跟上跟下。外国人听的时候，就完全跟不上。有的时候太高，有的时候太低。所以把这两条线——就是脑波的线跟声调的线画在一起，一个 correlation 非常高，另外一个就没有 correlation。

　　这只是一个例子。我觉得说什么语言，跟大脑有非常重要的关系。如果你到健身房去，跳绳、举重等等会影响你的肌肉。经验总是会影响身体的。我们从小就说汉语，几年，几十年，那么长久的时间说汉语一定会影响大脑。今年 7 月初的时候我在巴黎作过一个讲演，题目就叫做 Chinese Language，Chinese Brain，我觉得这个想法好像很合理，但是现在还是没有很多东西可以拿出来证明。所以我一开始就说，很高兴看到很多年轻人的面孔。我觉得这是非常有挑战性、有意义的一种研究。大脑跟语言到底是什么关系？我们的大脑是不是跟说法语的大脑不一样？如果不一样，怎么样不一样？

　　提问 3　我想探讨一个问题。就是我看到有些心理学研究也在以语言为目标，他们是从信息的角度来研究语言、来研究大脑。现在随着科技的发展，我们可以用很先进的技术来研究语言、研究大脑。您如何看待从语言学的角度来研究语言和大脑，及从心理学的角度来研究语言和大脑？它们两者的区别和联系是什么？

---

① Krishnan et al. 2005、2008.

答：我觉得这是一个很有趣的问题。但是我不知道我的看法对不对。你到任何大学里，翻翻他们的 catalog。有物理系、化学系、心理系、语言学系等。因为要有个办公室才能坐在那里，薪水要发到一个系里才拿得到。但是我觉得求知识不是这样的。按系来划分知识就好像在沙滩上画一条一条的线，来一些新知识，来一个新波浪那几条线就擦掉了。所以，语言学也好，心理学也好，人类学也好，语言这么有魅力，很多人都希望研究语言学。我有很多朋友是数学家、物理学家，刚才那位 Cavalli-Sforza 是遗传学家。只要能够对语言是什么东西这个问题提出好的疑问，都可以从事研究。什么是好的问题呢？它一定要有意义，而且一定能够在几年，或者十几年之内得到一个答案，那才是个好的问题。如果能够有一个好的问题，是工程师也好，是要魔术的也好，只要你能够对人类、对语言的认识有贡献，都可以一起合作研究。这就是语言学。

看来大家还有很多问题，因为我们时间关系，后面还有三次讲演可以继续讨论。今天我们就到这里。

第 二 讲

"为什么只有人类能创造历史而别的动物没有？
因为人类有变化无穷的语言。"

蔡元培(1868—1940)

我们现在继续讨论语言、大脑、演化三个领域交界的地方。我还是引用一下蔡元培的话，今天在未名湖旁边终于找到蔡元培的像了，看了一下，很有意思。在 1928 年，"中研院"历史语言研究所创办的时候，他问了这个问题："为什么只有人类能创造历史而别的动物没有？"他的回答是："人类有变化无穷的语言。"语言是怎么来的？为什么我们有，别的动物没有？这个问题《圣经》上讲得很清楚，大家看彩图 26，是 Bible 里说的，大约在公元前 4004 年，上帝创造了人类和所有的动物，那个时候人类集体说一种语言，他们就一起盖这座塔，越盖越高。那么上帝就有点不高兴，人类怎么这么傲慢，盖到我的门口来了。上帝就让人类的语言分化得特别厉害，互相不能够沟通，所以人类就有了很多不同的语言。这就是 Pieter Brueghel the Elder (1563) 画的 Tower of Babel (巴别塔)的故事。

第一讲我们已经谈到了现在有那么多语言，六千、七千多种语言，这些语言究竟是来自同一个原始语言(monogenesis)，还是来自几个不同的原始语言(polygenesis)，现在还没有定论。[1] 语言分化的时候，好

---

[1]　Freedman & Wang 1996；Coupé & Hombert 2003.

像有两种主要的传递方式。一种是纵向的，一代一代地传下去；另外一种是横向的，就是语言接触的时候互相影响。达尔文那个时候，就在这方面给我们的思想带来了一个很大的革命，尤其是 1859 年的那本书。这本书带来了一股新的思想——说到人类并不是只有几千年的历史，地球就有几亿几亿年的历史，那么在这个漫长的时间里，很多东西都在变化。地球在变化，生物在变化，语言也在变化。

达尔文有个很好的朋友叫 Thomas Huxley（赫胥黎），他写了一本书，给严复翻译成中文了，严复用来解释 Huxley 思想的词，也就是达尔文的思想。他用的词是"物竞天择，适者生存"。当然达尔文以前，也有人想过类似的问题，礼拜一我讲过他受了两个人很大的影响。一个是他的地质学老师 Lyell，说明地球其实有很长的历史。还有 Malthus，Malthus 说地球的资源有限，所以一直繁殖下去，资源就不够让大家都存在，那么就有竞争。

我今天还可以提另外两个在达尔文之前想过这些问题的人，一个是达尔文自己的祖父，名叫 Erasmus。其实 Charles Darwin 很多的想法大概是受了他祖父的影响，他祖父是一个非常有学问的人。另外一个人是法国生物学家 Lamarck。Lamarck 也提倡了一种演化论，可是他的演化论，跟达尔文有一些根本的不同。所以达尔文并不是突然一下，没有任何前提就提出他的理论的。Erasmus Darwin、Jean-Baptiste La-marck 等，都有过类似的思想。

2.1　动物的分类、行为及沟通

还有一位更早，是个瑞典学者，名叫 Karl Linné（1707—1778）。Linné 是一位植物学家，他把找得到的植物、动物都归了类。他没有解释为什么有这么多种，但是他区分了这个是什么类，那个是什么类。而且有两个概念,就是"属"跟"种",genus 跟 species,是从他起大家才开始使用的,这是他介绍的概念。所以我们是 *Homo* 属,我们的 genus 是 *Homo*(人属)。我们的种是 *sapiens*,所以,我们这一种人类的学名,就是 *Homo sapiens*(智人)。

蜜蜂的属是 *Apis*,有一类蜜蜂叫 *mellifera*。我们知道蜜蜂喜欢在花里头采蜜,它当然能够采很多蜜,因为花里的蜜一般能够采很多,所以它希望回去告诉同窝的其他蜜蜂,这一丛花在哪里。可是它没有语言,不能够说在未名湖的左边、什么地方的南边。但它还是有沟通的方法,所有的动物都需要有沟通的方法。虽然只有我们有语言,但是别的动物如果没有沟通的方法,就不可能生存。动物需要沟通的方法,说明这是我的地盘,你不要进来;或说明这些树、东西都是我吃的;它需要语言告诉异性同伴它在找对象,说我现在非常孤独,来陪陪我,我们做这个、做那个。它们有种种的沟通需要,不能沟通,不能满足这些需要,久而久之就会绝种。

蜜蜂是这么沟通的——它回去之后主要要讲两样东西:那丛花到底是什么方向的? 如果知道那个方向,还要走多远? 所以它就跳起舞来,如果这只蜜蜂的窝,蜂窝如图 27 是平的,它在里面跳时,跳的这个圈子当中如果有一条直线,那么直线就可以往那花丛指,这就简单了。但是如果它的窝面是斜的呢? 它就像这张图片所说的,用太阳的光线做个标准。然后它用跳舞的这条线跟太阳的光线是多少度,来表达方向。它需要两样东西:需要表示方向、需要表示距离。这样子它就把方向表现出来了。

它怎么表示距离呢? 利用跳舞的速度。如果很近,它就特别激动,动得特别快,一边跳一边拼命地摇动身体;它如果摇得非常快,非常激动,大家就都知道这些花与蜜离得不远,可以马上出去。如果远一点,它就跳得慢一点。这是很有意思的一种沟通。它当然不像我们的语言,不过它们的需要这样就达到了。

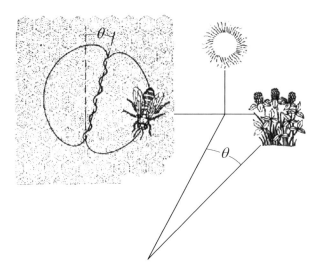

图 27　蜜蜂的沟通舞蹈（Wilson 1972，转载 Wang 1991b:6）

　　欧洲有一位学者叫 Karl von Frisch，是他第一个了解蜜蜂在做这件事情，知道蜜蜂跳舞怎么样表达信息。Karl von Frisch 跟另外两个人，一个是英国的 Nikolaas Tinbergen，一个是奥地利的 Konrad Lorenz，这三个人在 1973 年得到了诺贝尔奖。他们所创的这一套新学科，就叫做 Ethology（动物行为学）。他开了这扇门、辟了这条路之后，当然有很多人研究得比他更细、更深入。

　　后来他们就发现，蜜蜂不但有自己的语言，还有方言。图 28 是不同的蜜蜂，不同的蜜蜂有不同的方言。最左边的数字是距离，格子内的数字是跳舞的不同速度，表达距离的不同。刚才我们看的是跳成圆形的舞，还有一种表达方向的办法，就是跳得像个镰刀的样子。然后镰刀的当中这一块，就可看做是直线，所以这好像是一种方言的不同。猫熊、熊猫是方言的不同，它这个镰刀直线也不同。这些都是 *Apis*，刚才我们说过蜜蜂的 genus，但是有不同的 species。比方最中间那个是 *Apis indica*，是印度的一种蜜蜂。

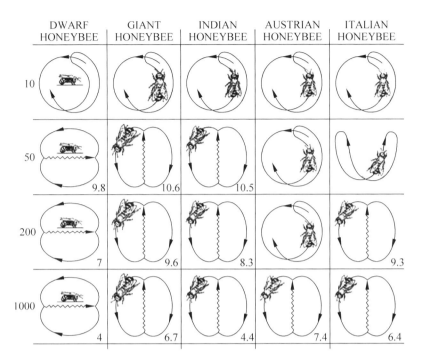

图 28 蜜蜂沟通舞蹈的方言（von Frisch 1962，转载 Wang 1982:16）

一二十年前，我给 *Scientific American* 编了一本书，书名叫 *The Emergence of Language*（《语言涌现》）。我找到一张很可爱的相片，相片后头是拿破仑的军队在非洲发现的 Rosetta Stone，叫罗塞塔石碑，是一种很早的古希腊语言。我们讨论语言的时候，往往要注意到现在，也要注意到过去。把过去跟现在连在一起，现在是很热门的学科了。过去到现在有时候叫 evolution，小孩的发展有时候叫 development。evolution 跟 development，现在它们的关系，大家觉得越来越密切了，便一起研究。所以有时候就把这个叫做 evo-devo。你们如果在文献里看到 evo-devo 这个词，就是这么来的。这本书在前年，"中研院"语言研究所的林幼菁小姐，把它翻译成了中文，我觉得翻译得非常好，很多地方比原文还容易读。像前两张蜜蜂的图片，就是从这本书里取的。

图 29　动物的沟通信号(Wilson 1972,转载 Wang 2008:12)

哈佛有一个非常权威的动物学家叫 E. O. Wilson,他是研究蚂蚁社会的,Wilson 写过一篇文章,把很多不同动物带有信息的信号,如它们叫的声音、它们的身体姿势等,研究了一下。① 比方斑马有一二十个姿

———————————

① Wilson 1972.

势是传递信息的。猴子、鹿都有它们自己的沟通方式，所以语言跟沟通方式不能够一概而论。语言是我们的沟通方式，所有的动物也都有它们的沟通方式。

最近经常有人讨论一种猴子，叫 vervet monkeys（长尾黑颚猴），它们就有很多不同的叫声。它们当然怕别的野兽来吃它们。这些吃它们的野兽，有的是从天上飞来的老鹰，它们有一种叫声来表示；也许是从地上跑来的，像狮子、野狼，它们有另外一种叫声表示；也可能从草地来的，如蛇。所以从不同地方来威胁它们的这些动物，都可以用不同的叫声表示，这就好像我们有三个词一样。

2.2　黑猩猩的认知能力

离我们最近的当然还是黑猩猩。上次我们看到了黑猩猩跟我们的演化，是在五六百万年以前才分开的。有一种小黑猩猩叫倭黑猩猩，这种黑猩猩的发现还不太久。以前大家都以为只有一种黑猩猩，但是现在我们知道是一个 genus（属），可是有两个 species（种）。我们跟黑猩猩是从五六百万年前分的，这两种黑猩猩大概是两百万年以前分的。

我们是在 genus Homo（人属）里头唯一生存的人类。离我们比较近的有 Homo neanderthalensis（尼安德特人），在德国发现的。Homo erectus 是在非洲发现的，这些都已经不存在了，只有化石。北京猿人是 Homo erectus，也叫直立人。刚才讲到黑猩猩，黑猩猩的属是 Pan。以前我们所认得的普遍见到的黑猩猩，是 Pan troglodytes，也叫 common chimp。近年发现的倭黑猩猩学名为 Pan paniscus。它的属是 Pan，它的种是 paniscus，但是有时候也俗称 bonobos。因为它们的个子比 troglodytes 稍微小一点，并不小太多，所以有时候也叫它们 pygmy chimp，pygmy 就是"小人"的意思。

我们研究黑猩猩，一个比较重要的原因就是，它们跟我们演化上那么相近，可是为什么我们有语言，它们没有语言。很多动物都不知道自己是谁，例如狗，狗在镜子旁边走过去，却不知道镜子里面的影子就是它自己，或者它在屏幕上看到自己的动作，也不知道那就是自己。self-awareness（自我觉知）是相当微妙的一种能力，我们有，黑猩猩也有。黑猩猩会照镜子，如果等它睡着了，在它的耳朵上加一点黄颜色，等它醒后去照镜子，看到镜子里面的猩猩，耳朵上有点黄颜色，它就会去摸自己的耳朵。所以这种知己知彼的能力非常重要，如果没有这种能力，语言就不可能发生。

据说神经元在寒武纪时已经涌现了，所以现代许多动物都应当有神经元，问题是这些动物中，哪些具备认知能力，哪些不具备。要讨论这个问题，我们必须先把认知这个概念讲清楚。拥有意识是否为认知能力的先决条件？这个问题当然和大脑有密切的关系。人类大脑最显著的特征是我们有深皱的脑皮层（cerebral cortex）。过去有些科学家认为，别的动物都没有这么皱且复杂的脑皮层，因此它们不可能拥有意识。

那么，只有人类和黑猩猩等灵长动物有意识吗？其实不然，2012年7月7日，国际上一群顶尖的认知神经科学家、神经药学家、神经生理学家、神经解剖学家和计算神经学家，云集剑桥大学，以重新评估人类及人类以外的动物的意识经验和相关行为的神经生物基质。他们发表了"剑桥意识宣言"（Low et al. 2012）。内容如下："缺乏脑皮层似乎不会让有机体无法体验到情感状态。越趋一致的证据显示，人类以外的动物也具备意识状态的神经解剖、神经化学和神经生理基质，并且有能力展现出有意图的行为。因此，这些有分量的证据显示，人类并非拥有能衍生出意识的神经基质的唯一物种。人类以外的动物，包括所有哺乳动物、鸟类及许多其他生物如章鱼等，也都拥有这些神经基质。"

　　猩猩当然也有它们的种种叫声，图 30 是 *Science* 发表的一篇文章，[1]这些都是黑猩猩，有不同的表情，可以让你看它的牙齿。看我牙齿多大，看我多厉害，如左边第一张；第二张 pant hoot 是一种音，有点像我们的"o"一样的元音的吼叫声。第三张是另外一种表情，是沮丧、紧张时的呜咽。所以它们也有蛮丰富的沟通系统，但是，跟语言比起来还差得很远。

bare teeth

pant hoot

whimper

play face

图 30　黑猩猩的声音沟通（**Cohen 2010:32**）
ⓒ iStockphoto

① 　Cohen 2010.

我们的智力跟黑猩猩的智力有什么样的不同？是量的不同还是质的不同？其实黑猩猩也会使用工具，比如树干上有一个洞，洞里面有小虫，有白蚁等。它想吃那些小虫，它怎么吃呢？它够不到啊。所以它就把一个树枝弄平，把树枝插到那个洞里，那些小虫什么的为了保护它们的洞，就爬到这个树枝上，猩猩就把树枝拿出来，然后就像吃肉串那样子舔。① 这个蛮聪明的，是一种智力，经常在森林里看得到的。大家知道有一位很了不起的英国女学者叫 Jane Goodall，几十年前她到非洲去研究黑猩猩，这是她很早就发现了的。

黑猩猩除了有意识，能够靠声音沟通并相互合作，还有另一项认知能力，它们在这方面的表现有时甚至比学龄前儿童更好。京都大学的灵长类学家河合和松泽两位教授（Kawai & Matsuzawa 2000）作过一个实验，让黑猩猩看屏幕上出现的五个数字 1、3、4、6、9。数字一闪就不见，黑猩猩却能记得并按照数字大小，由小到大在屏幕上指出每个数字出现在什么位置。可见它们的空间和数字记忆力也很惊人。

2.3　教黑猩猩语言

我们也可以把黑猩猩带到家里来，把它完全当做一个小孩带大。小孩吃什么，就喂它什么，小孩什么时候起床，也把它拉起来。很多人这么做过。但是小孩一两岁的时候开始说话了，那黑猩猩还不会说话。你怎么教它，它都说不出来。是不是它构造不一样，它的鼻子、嘴巴、喉咙跟我们不一样？这大概是一个很大的原因。我们会说"妈妈"，它说不出来。你把它嘴巴塞着，因为嘴巴不能漏气，嘴巴漏气 m 就说不出来了。然后把嘴巴先拉出再拉开，它还是发不出音来。有一个家庭叫

----

① Whiten & Boesch 2001.

Hayes,夫妇俩(Keith & Catherine Hayes)很热心地研究这个问题,教了好多年,结果猩猩只学了三四个字词,而且只有他们听得懂,别人不知道这只猩猩 Vicki 在说什么。

说话跟发音非常有关系。所以另一家人(David 和 Ann Premack),他们那时在加州大学 Santa Barbara 分校工作。David Premack 后来到 University of Pennsylvania 去任教。他们说不一定要教猩猩说话,因为语言是一种符号系统,我们教它一套符号就行了。所以他们就领来了一只 bonobo,也是只黑猩猩,叫做 Sarah。Sarah 在 Santa Barbara 住了好多年,他们就教它一大套符号,是塑料做的一个个小胶片。在后面有个吸铁石,所以粘得上,然后他们就教猩猩认这些吸铁石。①

比方图 31 第一横排下面左起第一个是"巧克力",再来是"苹果",然后是"香蕉";第二排是动词;第三排是一些关系词,左上城堡状的是"相同",旁边的梯形是"不相同",这两个词下方的不规则形状代表这个东西的颜色是什么——完全用胶片做的一个符号语言。在这种情形之下,Sarah 的确学了很多。很多很简单的句子,它不但看得懂,因为不需要它讲,有时候还能够主动去用。比方它可以上头放 Sarah,就是图 31 左上角那个,然后要香蕉。它如果放对了,Premacks 非常高兴就给它一根香蕉。然后 Premacks 可以问它苹果、香蕉是一样的还是不一样的。这种很简单的句子 Sarah 的确是学会了。但是你把句子一弄复杂一点,比方大句子里面包小句子,它就有困难了。

这只是一个例子,教黑猩猩的实验还有很多。最有名的黑猩猩,也许叫 Kanzi,这个名字是非洲语言的词。但是我们可以作个总结,因为在这方面已经有好几十年的实验了。黑猩猩可以学很简单的语言,只要你不逼着它用嘴巴说,用图形符号、用电脑的键盘、用别的方法打手

---

① Premack & Premack 1972.

势,这些方法它都能够学会,甚至能学到三四百个不同的词,包括很简单的句型。但是超过那个程度,还没有人能够教猩猩做到。

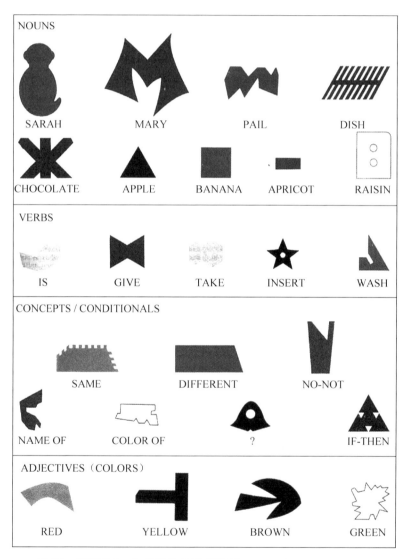

图 31　黑猩猩 Sarah 所学的符号系统(Premack & Premack 1972,
转载 Wang 1991b:19)

　　曾有学者质疑黑猩猩是否具备语法知识。2022 年美国印第安纳大学的 Schoenemann 教授就对此发表过一篇文章,说倭黑猩猩 Kanzi 的确知道语序的差异,也就是它有理解句法的能力。他的一段话很值得我们深思:"有很多原因会导致研究方法无法显示出动物具备认知能力……但是要说人类语言比人以外的动物的语言丰富得多……却也同样误导。在丰富性上有差异,可作为程度上有差异的好证据,却不能作为种类上有差异的好证据。承认猿类及其他人类以外的动物具备和语言相关的认知能力,而不管这些物种的此类能力或许多么有限,都是理解语言演化的基础。"①

　　人如果不去教猩猩,它们之间有什么样的社交关系呢? Frans de Waal 是一个 ethologist,研究动物行为的,非常有名,他是美国科学院的院士。十几年前他写了一本大家都非常喜欢看的书,叫 *Chimpanzee Politics*。因为猩猩跟猩猩的交往,里头有很多不同的关系。谁跟谁好,谁愿意帮着谁去打谁,谁出去的时候去偷它的东西……猩猩的种种行为他写得都非常好。图 32 这两张相片是从他的那本书里取出来的。这两只黑猩猩非常想吃这棵高树上的叶子。可是因为管这个动物园的人,怕猩猩把这些树爬得树皮都掉了,让树都死了,所以他就在旁边做了一个小篱笆,让猩猩爬不上去。那这两只猩猩怎么办呢? 它们就看旁边好像有一个很大的树枝,其中一只就拿着这个树枝,架在这棵树上。看得见吗? 然后大家大概可以猜到,它的那个伴儿就爬上去了。

----

① "There are many reasons why a research methodology may fail to show some cognitive ability in an animal… The claim that since human language abilities are much richer than those found among non-human animals… is similarly misguided. A difference in richness is good evidence for a difference in degree, it is not good evidence for a difference in kind. A recognition of the basic language-relevant cognitive abilities in apes and other non-human animals, regardless of how limited it might be in these species, is foundational for understanding how language evolved. " (Schoenemann 2022:10)

这是完全自然的智力,是一种合作。

图 32　爬树的黑猩猩(de Waal 1998:193、194)

　　de Waal 还作过一个非常有趣的研究。2012 年,他应邀在 TED Talks 演讲。这是个非常有名的平台,他们定期请一些各界的学者或知名人士发表演说,并把录影剪辑过的视频放网上供大家免费观赏。de Waal 那次的演讲题目叫"动物的道德行为"(Moral Behavior in Animals),他给观众看了一小段视频(https://www.youtube.com/watch? v =lKhAd0Tyny0):一开始两只猴子如果根据研究人员的指示作实验,会各得到一片黄瓜作为回报。后来,研究人员开始给其中一只猴子葡萄,但继续给另一只猴子黄瓜。于是拿到黄瓜的猴子不高兴了,它直接把黄瓜丢出笼子外,甚至用双手晃动笼子表达不满。这表示猴子也有公平的概念,当它们觉得受到不公平对待时,也会显示愤怒的情绪。

　　有很多东西四五岁的小孩就理解了,但是黑猩猩却不理解。图 33 是我从 *American Scientist* 一篇文章里面取出来的。① 猩猩经常问

---

　　① 　Corballis 2007.

人要香蕉吃,那没有问题。不过,你如果在人的头上罩一个桶,他明明看不见了,可是黑猩猩还是去问他要香蕉。因为要香蕉是一种动作,跟环境里面一些因素,它没有连得很好,没有能够分析出来,但是也许四五岁的小孩,甚至更早,就在认知方面比黑猩猩更进步了。

图 33　讨香蕉的黑猩猩(Corballis 2007:244)

　　在德国的 Leipzig(莱比锡),Tomasello 最近跟一组人合作,研究了三种灵长类,分别是小孩、黑猩猩、红毛猩猩。黑猩猩是在非洲,红毛猩猩是在东南亚。他给它们作种种的实验,结果发现,人跟黑猩猩在有些方面,如怎么样解决一个问题,怎么样能够把两个东西勾在一起去勾笼子外面的东西,人跟黑猩猩差得不多,两个都比红毛猩猩稍微好一点,如图 34a。但在社会技能方面猩猩就比小孩要差得多,如图 34b。他就说这说明有一种 cultural intelligence 在里头,所以人跟别的灵长类最大的不同,就是我们的 social cognition 比它们强得多。[1]

----

①　Herrmann et al. 2007.

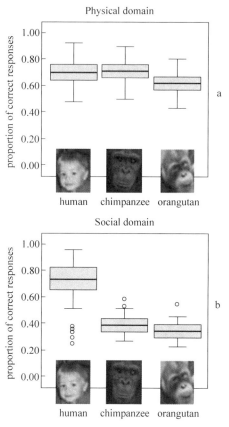

图 34a、b　人与猩猩的动作技巧和社会技能比较
（**Herrmann et al. 2007：1362**）

　　刚才我提到了两种黑猩猩，就是 common chimp 跟 pygmy chimp。在不知道有两种之前，人总是喜欢把人的社会、人的社会行为跟 common chimp 比，因为那时候还没有发现 bonobos。common chimp 的社会是男性的，很霸道，往往一群黑猩猩当中有一个头儿，研究动物行为的人把它叫做 α male。α 就是 α、β、γ 的第一个 α，所以 α 是老大。它什么事情都要管，大家都怕它。当然慢慢地它年纪大了，其他黑猩猩长得跟它差不多大的时候，有时候两三只会一起把它打下去，这就是

chimpanzee politics。可是发现了 bonobos 之后，我们很惊讶地发现它们的行为、社会是完全两样的。它们的社会主要是母系的，领导人物是两三只、三四只年纪大的母猩猩，别的猩猩就围着这些母猩猩，有时候几十只在一群里。所以虽然在体质上看起来好像很相似，但是很可能个性有非常根本的不同。例如 Kret 等人在 2016 年发表的一项研究非常有意思，他们发现，实验中的倭黑猩猩，比较偏好注视有关它们同类的情感行为的图片，例如它们特别喜欢观看利社会行为的图片，像是帮同伴理毛（grooming）；而人类及黑猩猩则偏好注视痛苦或攻击的图片。可见倭黑猩猩在基因上虽然也和人类及黑猩猩非常接近，但它们却是比较崇尚和平、友爱的物种。所以我们到底是像 common chimps，还是像 bonobos？大概都有成分。

语言是认知的产物，而认知又建立在意识的基础上。前面我曾经说过，十几年前，剑桥大学有一组资深科学家提出，很多不同种类的动物都有意识，包括与我们同属灵长目的许多其他动物，所以它们有自我觉知的能力，也能与同伴建立友谊、相互合作来达到共同的目标。认知同时包括了理性和感性两部分，因此与我们相近的灵长动物，也会感受到不公平的待遇而发怒。可是它们的大脑还没有能力充分学会人类语言，因此它们的认知有明显的上限。

2.4 鸟鸣与关键年龄

黑猩猩发出来的声音不多，而且不大，不大经常发声音。动物界里面最会发声音的当然就是鸟。我们发出来的声音变成了语言，鸟类发出来的声音是不是跟我们语言的涌现有什么关系呢？在 Berkeley 的时候，我办公室对面有一个研究动物行为的人，叫 Peter Marler。他经常爬到山上去，加州大学 Berkeley 在那个山的旁边。他爬上那个 Berkeley hills，是因为那里有一种小鸟叫做 white-crowned sparrows，像麻雀那么大，叫 white-crowned sparrows，因为它头上的毛是白的。

他研究 white-crowned sparrows 几十年，想知道这些 white-crowned sparrows 怎样学唱歌。他发现了很多很有趣的东西，其中一个也许最有趣的事情，就是这些小鸟学唱歌时，有个关键期（critical period 或者 sensitive period）。上一讲我们谈过，学语言好像跟年龄有很大的关系。鸟学唱歌跟年龄也有很大的关系。我们学语言的时候，头几个月婴儿躺在他的小床里，会唔唔咿咿呀呀地说话，但是说的不是话，他们是在练自己的发音器官，这个英文叫做 babbling（牙牙学语）。babbling 跟语言没有关系，就好像在做运动那样子。鸟同样有一段时间叫做 subsong，那还不是一种歌，它在练它的东西。过了 subsong 大概一百天之后，它就开始唱歌了，这个相当准的。图 35 就是鸟的歌，横轴是时间，纵轴是幅度。Marler 在图右方把它叫做 crystallized song，就是成功的歌。①

什么样的条件下鸟才能够学会唱歌呢？它一定要听到大鸟，就是别的长成的鸟的歌。如果听得到它们的歌，虽然 subsong 乱七八糟的，但它们一百天之后唱出来的歌，也基本上是一样的。而且在这一段时间，很多别的鸟唱的歌不会影响它，所以它不会去学别的鸟的歌。可是，要是在这一段关键时间，它只听见别的鸟的歌，或者听不到歌，它就唱不出自己的歌来了。

人也有同样的问题，可能遭遇同样的事。如果把一个小孩关在某个地方，头五六年、七八年不让他听到别人说话，再放他出来时他就学

---

① Gould & Marler 1987.

不会了。一二十年前,洛杉矶有一个女孩叫做 Genie,她的父亲有精神病,她一生出来能够坐的时候,就被锁在地下室。她被捆在椅子上,吃、喝等生理需要就都在那椅子上完成,她看不见别人。后来十岁还是十一岁的时候,她的疯子父亲,在外头开车闯了祸了,警察追他来,追到他家里,发现怎么地下室那么一大股臭味,打开门来,Genie 还在那里。后来就把 Genie 带到了 UCLA,UCLA 有个蛮好的语言学系,心理学系就把 Genie 交给他们,看她是不是在那个时候还可以开始学习语言。有本书就叫 *Genie*,①是我以前一个学生写的。非常惨的一个故事,她能够学到四五岁小孩的语言程度,以后就学不上了。所以这就是 critical period,或是 sensitive period。这个跟大脑的发展当然有非常密切的关系。

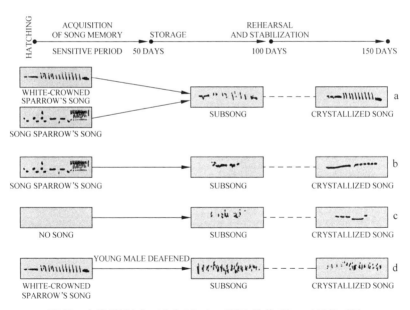

图35　鸟类学歌（Gould & Marler 1987,转载 Wang 1991b:98）

---

① Curtiss 1977.

2.5   演化与遗传

谈到动物还有个比较有趣的,前几年我看到的一篇文章,登在 *Scientific American* 上。① 就是图 36,这些猴子关在笼子里,如果在笼子里

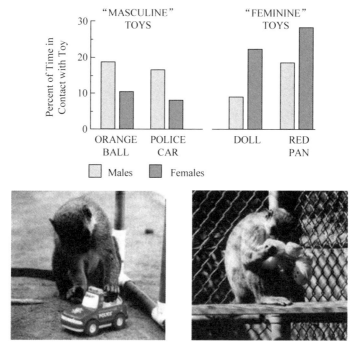

WIRED PREFERENCES?

Vervet monkeys observed by Gerianne M. Alexander of Texas A & M University and Melissa Hines of City University London displayed toy preferences that fit the stereotypes of human boys and girls:the males[left photograph] spent more time in contact with trucks,for example,whereas the females[right photograph] engaged more with dolls[graphs]. Such patterns imply that the choices made by human children may stem in part from their neural wiring and not strictly from their upbringing.

图 36   公猴与母猴的区别(Cahill 2005:44)

① Cahill 2005.

放进一辆小卡车,那公的猴子就特别感兴趣,会来玩这卡车,母的猴子则不搭理。相反如果放个洋娃娃进去,看右下那张照片中间是洋娃娃的头,公的猴子不理,母的猴子很喜欢。这是为什么呢？这是一种本性吗？这是我们跟它们遗传下来的相同本性吗？这些问题我们才开始问,没有什么非常清楚的解答。但是我们总要记得有两种解释,一种是homology(同源性)。homology 就是我们是相同的,从基因上传来的。比方蝙蝠会飞,图 37 左上是它翅膀的骨头,中上是一只老鼠的爪子或膀子,右上是我们人的。所以虽然我们不会飞,蝙蝠会飞,但是这个是基因上所规定的。这种解释叫做 homology。

　　相反蝙蝠会飞,图 37 左下还是蝙蝠,这是它的翅膀。蝙蝠会飞,鸟会飞,蝴蝶也会飞。翅膀看起来好像蛮相像的,但是没有什么遗传上的关系,所以就不是 homology。这种解释叫做 analogy(类似性)。analogy是环境所刺激出来的,为了适应环境的条件,以及环境的种种要求。所以哪些是 homology,哪些是 analogy,不大容易讲清楚。图 37 上面是 homology,下面一定是 analogy。

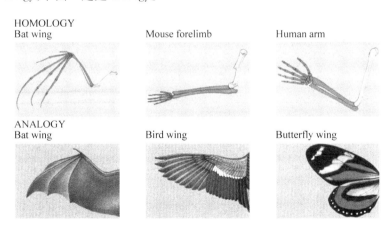

HOMOLOGY
Bat wing　　　　　Mouse forelimb　　　　Human arm

ANALOGY
Bat wing　　　　　Bird wing　　　　　　Butterfly wing

图 37　同源性与类似性(Lewin 1996:24)

　　我们讲了一段演化方面的概念,现在我们再看另外一方面。达尔文不是老要讲一代一代传下去(descent with modification)？就是传下去的东西因为有差异,天择,选择下来的东西,可能会一代一代地不同,慢慢地就变得比较多。可是达尔文不知道到底传的是什么东西,是什么单位在传递这些信息。他写第二本书 The Descent of Man 的时候,也就是 1871 年的时候,在 Brno,捷克的一个大城,有一个教士,叫做 Gregor Mendel。Mendel 是一个很安静的人,他喜欢在院子里种东西,种了好多好多的豌豆。这个故事大概大家都听过。一代一代的豌豆,有的时候开的花是红的,有的时候开的花是紫的;有的时候茎比较长,有的时候茎比较短;有的时候叶子比较平滑,有的时候叶子比较毛。所以有种种不同的形状,他种来种去,然后经过很聪明的统计分析,他发现里头是有道理的。他就发现了基因这个概念。在 Brno 开会的时候他去报告,然后在学报里写文章,可惜没有一个人理他,没有一个人知道这是多重要的发现。

三十年后,20 世纪的开端,三个不同的实验室不知道为什么同时发现了这篇文章。他们说,原来这个就是演化论里面的单位——基因(gene)。所以那个时候基因的研究——遗传学就成了一个学科,那是20 世纪开端,虽然 Mendel 早在三十年以前就已经发表过那篇文章。当然这一百多年来,我们有很大的进展。先是 20 世纪三四十年代,一组非常好的生物学家,①把达尔文的学说,和 Mendel 的学说结合在了一起。他们结合的成品有时候叫做 Synthetic Theory of Evolution,就是综合的演化论。所以在 20 世纪四五十年代有好几本书出版,里头都提到 Synthetic Theory of Evolution,就是把达尔文的思想,与 Mendel 的思想糅合成了一个统一的理论。

---

① 其中包括 Thomas Huxley 的孙子 Julian Huxley。

图 38　Gregor Mendel（1822—1884）肖像

现在我们当然知道基因是什么,基因由 DNA 所组成,DNA 基本上有四个字母: A、C、T、G。这四个字母,一串一串地编成共二十三对。第二十三对有一个长的,一个短的。短的是 Y 染色体,有 Y 染色体的生出来是男孩,只有 X 染色体的生出来是女孩。要是我们想画一个树图,把人的历史画出来,我们需要的 DNA,要么完全是父亲传下来的,要么完全是母亲传下来的,否则就会乱了,因为每一个人的基因都有两个来源,一是父亲来的,二是母亲来的。

最近的一二十年,很多实验室拿 Y chromosome（染色体）来画人的树图,因为它是 uniparental（单亲遗传的）。同时我们也发现在一个细胞里面,有它的核,核的外头,还有一点 DNA,很少。这个外头的 DNA,叫做 mtDNA,mitochondrial DNA（线粒体 DNA）。mitochondrial DNA 完全是母系的,是只由母亲传下来的,Y chromosome 是父亲传给儿子的。所以有很多实验室专门研究母系的 mitochondrial DNA,也画出一些树来,那么父系的树、母系的树基本是相同的。这个我觉得是一件可喜的事情。

有些图常把 DNA 画得很漂亮，但不是真的长那个样子的。一个基因可能有很多不同的表现，所以一个基因可能有好几个不同的 alleles（等位基因，对偶基因）。比方有基因是管头发颜色的，在这个基因里头，有的 alleles 会让人有黄头发，有的 alleles 会让人有红头发。同一个基因，有不同的基因表现（gene expression）。基因有一点像语言里面，同一个概念可以有不同的词。比方 H_2O（水）这个概念，英语叫做 water，俄语叫做 voda，日语叫做 mizu，我们叫"水"，西班牙语叫 agua。当然英语经历过很多不同的变化，本来水是 akua，比方我们现在养鱼的那种缸叫 aquarium，就有 akua 这个字根，就是"水"，到西班牙语里就变成了 agua。有的语言从一开始是 akua，有时候就变成 agua；有的时候 k 跟 g 都不见了，就变成了 awa；再有的时候整个东西都简化了，就变成 o 这个音。法语的"水"就是 eau /o/，就是由 akua 来的。所以一个基因可以有不同的表现方式，同一个概念在不同语言里，也可以有不同的表达方法。

上次我给大家看 Cavalli-Sforza 跟我作的那个 Micronesian 的研究（第一讲中提到的）。我们就是基于这个解释，把遗传学里面的一些概念，运用到语言学中来。第一讲我也提到了俄国伟大的语言学家 Jakobson，他会说 12 种语言，但是每个语言都像俄语，他写过很多非常重要的书，比方 1941 年他写的这本书叫 *Kindersprache, Aphasie und allgemeine Lautgesetze*。Kindersprache 就是 Kinder 的 Sprache，Kinder 是"幼儿"，Sprache 上次我们已经讲过了，是"语言"，两词加在一起就是"幼儿的语言"，Aphasie 是"失语症"，至于 allgemeine Lautgesetze，allgemeine 是"一般"，Lautgesetze 是"语音规律"，合起来就是"一般语音规律"。这是很了不起的远见，他把三个好像完全不相干的东西连了起来。

Remarques sur l'é volution phonolo-
gique du russe comparée à celle des autres
langues slaves（1929）
Kindersprache，Aphasie und allgemeine
Lautgesetze（1941）
Preliminaries to Speech Analysis（with
Gunnar Fant & Morris Halle）（1951）

图 39　俄国语言学家 Roman Jakobson（1896—1982）肖像及三本代表作

　　十年之后，Jakobson 在 MIT 跟另外两位学者 Gunnar Fant、Morris
Halle 又写了一本很薄的书，叫做 *Preliminaries to Speech Analysis*。① 念语
言学的人大概念过 distinctive features（区别特征），distinctive features 就
是从这本书正式开始的，虽然它的概念本来在 Prague Circle（布拉格学
派）中已经有了。② 所以他是个很伟大的语言学家，非常有远见。我们刚
才谈了基因，Jakobson 也说过基因。他说，在很多有信息的系统（informa-
tion-carrying systems）中，基因系统是唯一跟语言系统有很多相同之处
的。语言有一个很小的单位，就是 phonemes（音位）。一个语言也许有
十几个、二三十个音位，这几十个音位能够变化无穷地造出很多很多的
句子。基因里有 nucleotides（核苷酸）。nucleotides 是什么呢？ 就是 DNA
的那四个字母：A、C、T、G。就用这四个很简单的字母 A、C、T、G，就能够
造出变化无穷的生物界。所以 Jakobson 很早就对这个问题感兴趣。到

---

① Jakobson，Fant & Halle 1951.

② Wang 2006a.

底人类语言跟大自然的 genetic code 有什么样的关系? 我觉得这个问题
非常值得研究下去。

　　Jakobson 的时候我们对基因了解得太少,但是现在我们在这方面的
知识越来越多了,比方有一个基因受到很多人的注意。图 40 是伦敦的一
个大家庭,一共有三代,中间横线是祖父、祖母。传下来是第二代,再来是
第三代,共二三十个人。这家在文献上就叫做 KE family。为什么他们有
名呢? 图 40 上那些涂黑的不管是男的是女的,都有一种病症,就是说不
出话来,他们发得出音,但是别人都听不懂。既然有声音,你便知道他在
说话,但是你不知道他在说什么话。有些语言学家觉得这个特别有意
思,就跑到那去研究这一家人。这一定是跟基因有关,因为家谱很清楚
的。传下来的时候,完全黑的都可以追究出来。所以在 *Nature* 里就有一
篇文章发表,说:我们现在找到了 language gene。[①] 很多人就觉得这个胡
说八道嘛。语言这么复杂、全面的一个东西,哪会只有一个基因呢? 所
以后来就有人,尤其是 Vargha-Khadem,[②]非常好的一个生理学家,去研究
这一家人,研究了好几年。她发现他们的病症不是不能说话,而是不
能动舌头、嘴巴、软腭。比方你叫他把舌头伸出来,他做不到。他们
这一家所得的病是 dysarthria(发音困难),是一种动作上的毛病。当
然有了这个动作的毛病,语言上一定会有障碍,可是这不是什么 lan-
guage gene 造成的。

　　德国的 Leipzig 有一组研究基因的非常出色的科学家,他们的领导
叫 Svante Pääbo,就是 2022 年拿到诺贝尔生理医学奖的那位。他们把
这个基因研究得很清楚,这个 KE family 的 FOXP2 有问题,FOXP2 是一
个基因的名字。[③] 他们的这个基因出了毛病,所以有刚才我讲的那些

①　Gopnik 1990.
②　Vargha-Khadem et al. 1998; Chow 2005.
③　Enard, W. et al. 2002.

困难。Pääbo 的那个小组,就把好几种动物——人、黑猩猩、大猩猩、红毛猩猩、猴子、老鼠都比较了一下。虽然不能很肯定地解答很多问题,但现在我们知道数据在那里。我觉得开始问这些问题也是很重要的。

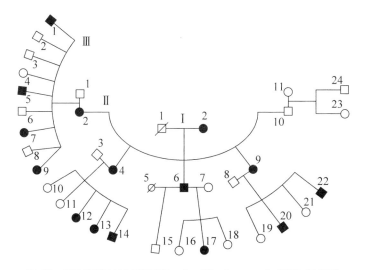

图 40　KE 家庭的谱系图(Vargha-Khadem et al. 1998:12697)

2.6　人类起源于非洲

图 41 是第一个母系的树图。那时候在 Berkeley 人类学系有一个学生叫 Rebecca Cann,她对于人的史前史特别感兴趣。她听说 mitochondrial DNA 里头只有母系的 DNA,就非常兴奋。生孩子的时候不是还有胎盘吗? 她就到 Berkeley 附近的很多医院里去,收集这些胎盘。把胎盘带到学校里去,然后作 DNA 分析。她收集了很多不同人群的胎盘,其中有的女人是非洲来的,也有亚洲、澳大利亚、欧洲等的。

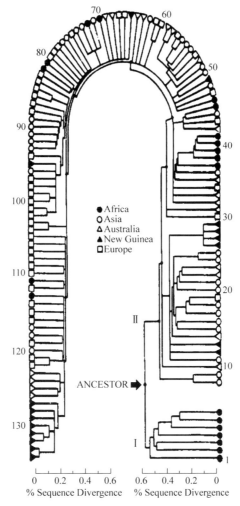

图41　mtDNA 母系树图(Cann et al. 1987:34)

　　她一共收集了 130 多个不同女人的胎盘,然后她把胎盘里面的 mitochondrial DNA,用很厉害的统计方法画了一棵树。[1] 看得出图 41 是一棵树吗? 为什么这么难看懂,不容易看出它是一棵树? 因为它有一

―――――――――――――

① 　Cann et al. 1987.

支特别特别长,另外一支特别特别短。这棵树的根在右下角,下面那一支特别短,另外上面那些都是第二组。所以大家大概慢慢地猜出来我要讲什么了。下面这些都是非洲的,上面那些是全世界的。这是第一个用基因来证明我们现代人都是从非洲出来的例子。这是第一个这种树,以后就有很多了。用 Y 染色体画的,基本跟这个都一样。所以种种的证据现在都不谋而合,我们的确是从非洲出来的。

前几年,有一个很伟大的人口遗传学家,意大利人,叫 Luca Luigi Cavalli-Sforza,他跟他在 Stanford 的朋友 Feldman 写了一篇综合性的文章,叫做 *The Application of Molecular Genetic Approaches to the Study of Human Evolution*,[①]这篇文章里有张人口迁徙的图(2003:270)。大概是十万年以前,人类——现代人,不是以前的古人类,不是直立人 *Homo erectus*,而是解剖学意义上的现代人 anatomically modern human——大概十万年以前就离开了非洲,到世界各地,先经过亚洲,四五万年以前,他们到了澳大利亚,那么一万到三万多年以前,他们到了北美,然后从北美的 Bering Strait(白令海峡)到南美的 Tierra del Fuego(火地岛),只花了一千年,所以那时,人这么扩散出去的时候,动得非常快。

L. L. Cavalli-Sforza 跟 Feldman,当然也把语言学带了进去,在他们的这篇文章里,还有一张给人类的语言画的分布地图(2003:272)。可是他们不是语言学家,这个地图不是他们自己的研究结果。他们的依据,也是在 Stanford 大学的一个很伟大的语言学家,叫做 Greenberg,图42 就是 Greenberg。Greenberg 把现在世界上的六七千个不同的语言归为几个超级语族(superphylum)。[②] 有个涵盖欧亚大陆的语族叫做

---

① Cavalli-Sforza & Feldman 2003.

② Greenberg 2000.

Eurasiatic（欧亚语族），照 Greenberg 的讲法，印欧语系是 Eurasiatic 的一部分。Eurasiatic 还包括很多别的，比方包括土耳其语、维吾尔语、蒙古语、韩语、日语跟爱斯基摩-阿留申语系，很大的一个语族。

图 42　Greenberg（1915—2001）肖像

　　这些语言，虽然语法都不一样，可是还是有很多基本相同的方面，如：每个语言都有几十个音位，包括元音及辅音；每个语言的词都可以分名词及动词，这些词都有相似的功能；每个语言都有句法规律，把一系列简单的子句融入越来越复杂、变化无穷的母句。Greenberg 曾经说过：世界上所有各式各样的语言，基本都是由同样的布所剪成。因此一个婴儿，无论出生在什么地方、什么环境，几年之内，都会自自然然地完全学会他的母语。现在接触外语的机会越来越多，也有越来越多的人会说好几种语言，学外语时，懂的语言越多，越容易学会其他语言。

　　同时他还说，有一个超级语族叫做 Dene-Caucasian，Dene 主要是北美一个很大的语族，叫做 Na-Dene，所以这个 Dene 就是 Na-Dene，另外一部分是 Caucasian，Dene-Caucasian 如果是从非洲出来的，可能是经由欧亚到美洲这么迁徙过去的。包括汉藏语系这么一大块，也是 Greenberg 的 Dene Caucasian。这个说法到底对不对，有多么稳固，现在还不知道，很多历史语言学家同意，也有很多历史语言学家不同意，就看你怎样才承认这两个语言真的有亲属关系，看你是用什么样的标准。不过 Greenberg 在这方面的确是做出了很多非常精彩的，而且被公认是比较稳固的一部分结果。

既然谈到汉藏语系，我也顺便提一个重要的研究。几年前，复旦大学张梦翰的研究团队曾在知名的科学期刊《自然》发表一篇文章《语言谱系证据支持汉藏语系在新石器时代晚期起源于中国北方》(Zhang et al. 2019)，他们分析了 109 个语言，运用了语言学和遗传学的跨学科方法，论述了汉藏语系的分化时间约在距今 5900 年前。大家有兴趣可以参考他们这篇论文。另外，厦门大学的王传超等人也有一篇发表在《自然》的文章(Wang et al. 2021)，论述东亚人口的形成。随着古 DNA 研究的进展，我们就可以运用遗传学的方法来探索古人类的迁移和语言的分布。

Cavalli-Sforza 写过很多东西，有一本是他写的，原文是意大利文，但是现在翻译成了很多不同的语言。英文的书名叫做 *Genes*, *Peoples*, *and Languages*,[①]感兴趣的不妨参考。这本书也有中文版，由台湾的远流出版社出版，是吴一丰翻译的，翻译得也非常好。

2.7 大脑与神经元

现在我想再回到大脑了。我们讲了一段基因方面的，基因跟演化。大家也许还记得上次我们讲 Geschwind，哈佛的一个非常伟大的神经学家。在 20 世纪五六十年代认为，语言是在左大脑的三个重要部分。前

---

① Cavalli-Sforza 2000. 中译本 2003。

头的那个我们叫做 Broca 区(Broca's area)。后头的那一个我们叫做 Wernicke 区(Wernicke's area)。这两个区域当中有一串东西把它们连起来,这个东西叫做 arcuate fasciculus(弓状束)。五六十年代那个时候,没有办法好好地观察,活生生一个人的脑子里到底是怎么样的。等这些有病的人死了之后,再解剖的时候,可能有很多别的因素掺进去了,所以不大容易下结论。一直到十年、十五年前,我们才有办法,把这个东西很清楚地画出来。

连接 Wernicke 区和 Broca 区的一串神经网络,就是 arcuate fasciculus。Catani 很崇拜 Geschwind。他说人家谈到 Wernicke,谈到 Broca,其实 Geschwind 在这方面有非常大的贡献。因为 Geschwind 老强调语言一个非常重要的功能,就是把听觉、视觉、嗅觉,不同的 modality 连在一起。比方你说"纸"而我听到了,这是听觉,我眼睛看到一张纸则是视觉。把这个连起来,就是语言很重要的一部分。

所以第一讲提过,可参见图 22(Geschwind 1979)和彩图 23(Catani et al. 2005),Catani 给我们证明的确有这些部分:有一个 Broca 区,有一个 Wernicke 区,当中的确有这些神经网络在连着,叫做 arcuate fasciculus。Wernicke 区在听觉区旁,这个区是专门把种种的感觉,如听觉、视觉、嗅觉综合起来的地方。与那个区紧邻的 angular gyrus(角回),是 Geschwind 特别强调的。

Geschwind 觉得语言一个很大的功能,就是把种种不同类的感觉结合在一起。所以 Catani 就把这个地方叫做 Geschwind's territory,见彩图 23。我觉得其实蛮合理的。上次我们也看到 Sasanuma 的一些材料,说明日本人有失语症的时候,有很不同的表现:如果受伤的是大脑的前部 Broca 区,那么所失去的是 kana(假名),虽然 kana 很容易写。如果后头 Wernicke's area 受伤,那么所失去的是 kanji(汉字),所以这就说明大脑的不同部分,支持语言的不同能力。

后来我们也看到 Chen & Bates 的一篇文章,她们用的是汉语的材料。她们在台湾找到了十个 Broca 失语症、十个 Wernicke 失语症病人给他们看图片,发现 Broca 失语症,对于动作的词有困难,Wernicke 失语症对于名词有困难。即使整个词是名词,但是因为它前头那一部分是动词,Broca 失语症的人也还是会受到影响。像"跳舞、唱歌、游泳",这些都是动词,但是有一些也是 VN 结构,却是名词,如"算盘",因为前头有个 V,Broca 失语症的人还是有问题。

现在我想再举一个例子,来说明这一点。这一次是意大利语,第一个例子是日语,刚才讲的是汉语,现在是意大利语。哈佛有一个很好的意大利科学家叫 Alfonso Caramazza。他的那个组也是研究失语症的。①他找到了很多病人,一个叫 AS,另一个叫 IFA。他就让这些病人有时候念字,有时候听字,他发现这两个病人 AS 跟 IFA 病症完全相反。比方说一个词"pastore",pastore 意大利语是"牧羊者"的意思。pastore 如果是 AS 听起来,他在辅音上没有多大问题,percentage of error 就很低,如图 43a。可是这个 pastore 有三个元音 a、o、e,元音上问题就大了,所以病人失去了元音保留了辅音。可是 IFA 就恰好相反,这只是一个例子。这个例子是 pastore,另外一个例子图 43b 是 minatore,是"开矿的人"。IFA 错误率高的时候 AS 低,IFA 错误率低的时候 AS 就高。只有辅音 r 是例外。r 在语音学上有时也称为半辅音,所以两个病人的表现在 r 上最接近,说明了 r 介于辅音和元音之间的特性。我给这些例子的原因,就是想说一句话:研究语言与大脑,语言这种能力的消失,是一个非常宝贵的窗口。

在很多科技尚未发达之前,若要研究大脑与语言是什么样的关系,我们只能从这些病人着手,而且我们可以发现语言分布在大脑的很多

①　Caramazza et al. 2000.

地方。我们可以稍微下一个结论，就是皮质上的 Broca 区跟 Wernicke 区，只是研究语言跟大脑的冰山一角。还有很多别的系统，比方皮质，皮质就是 cortex，cortex 底下的边缘系统叫做 limbic system，中脑我们叫做 midbrain，脑干叫做 brainstem，都应该跟语言有很密切的关系，目前有很多人正在研究这方面的关系。

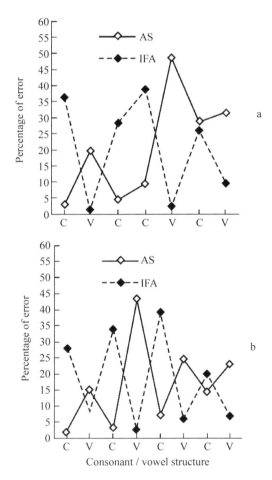

图 43a、b　两位失语症患者辅音元音错误比例图

（Caramazza et al. 2000:429）

语言是一个多元的复杂适应系统,现在很多学科都研究这种系统,叫 complex adaptive system。① 这种系统,是由很多不同的神经网络所支持的,而这些网络散布在大脑的许多部分,不是一个地方。所以这种看法就跟一些很抽象的假设很不一样。比方有的人喜欢说 language organ(语言器官),有的人喜欢说语言本能(language instinct)。这些我觉得都是在纸上谈兵。比较恰当的说法是近年来在发展的 parallel connectionism(平行连接),尤其是 San Diego 的 parallel distributive processing(并行与分布式处理)② 跟 construction grammar(构式语法理论)③,这些好像跟一些最新的发现比较容易连起来。

现在我再讲两三个幻灯片时间就到了。图 44 右下角是我们的大脑,所以比起别的动物大得多。左上角是鲨鱼的大脑,虽然鲨鱼个子很大,脑却很小。再往右是青蛙的大脑,然后是乌龟的大脑、鸽子的大脑、opossum(负鼠)的大脑。接着是兔子、猫、一种猴子 macaque、黑猩猩、跟我们。比较起来就可以看见,我们的皮质皱得多。这是因为,大脑里只有这么多空间,那么里头的皮质要发展,却没地方。唯一能够扩大的就是皱起来,这是一个很重要的原因。皱起来之后,我们当然就知道哪一部分是做什么的。彩图 45 画得比较清楚,上面是人的大脑,是几年前在 Nature 上发表的。④ 下面是黑猩猩的大脑,planum temporale(颞平面)在图的中部,好像跟语言特别有关系。

当然人的大脑并不是一直这么大的,在三百万年以前,我们的老祖宗叫做 Australopithecus (南方古猿),就是刚站起来能用两只脚走路的那些人。他们的大脑只有四百克左右,四百克、五百克,然后一步一步

---

① Wang 2006b.
② Rumelhart & McClellan 1986.
③ Croft 2001; Goldberg 1995、2006.
④ Carroll 2003.

地大脑就增加了。等到近了我们的属 *Homo* 了,近了直立人了,大概一百万年以前,已经有一千多克了。现在人的人脑,有一千、一千四、一千五那么重,如图46。

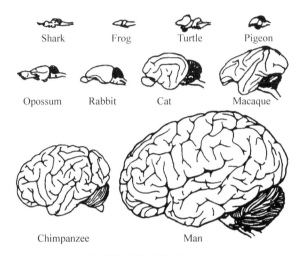

图 44　不同脊椎动物的大脑(Eccles 1972:2)

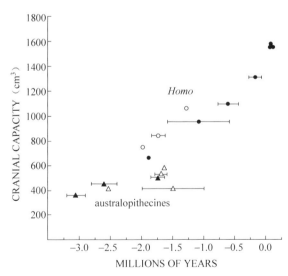

图 46　各种人类与脑容量关系图(Falk 1991,引自 Falk 1992:3)

我们的大脑并不是最大的,鲸鱼、大象的大脑比我们的大,但它们不见得比我们聪明。所以并不是单靠大小,要看内部的组织。不过我们这么小的身体,有那么大一个大脑,在动物界是相当特殊的。以前大家都以为我们大脑里头,是一个很大的网,整个神经网络是一个网。一直到 20 世纪开端的时候,有一个西班牙医生叫 Santiago Ramón y Cajal。他用那个时候还是蛮古老的显微镜,仔仔细细地看。除了显微切片技术和丰富的想象力,Cajal 也运用了当时先进的染色法,尤其是 Golgi 银染法,看清了单个神经元的精细结构,特别是轴突和树突。他发现神经网络不是一个连着的网,是好多小的单位,好多单独的神经元。

据目前的了解,神经元大约是寒武纪时代出现的,距今有五亿年之久。神经元可以分成很多类,但至今学界还没有完全认识,也没有公认的分法。不过大致来说,每个神经元都有接收信息和传出信息的部分,两个邻近的神经细胞中,有一段非常小的空间距离叫做突触(synapse),当 A 细胞要传递信息给 B 细胞时,会在细胞内部产生一种电流,叫做动作电位(action potential),当电位流到突触时,就会发出一种叫神经递质(neurotransmitter)的化学物质。B 细胞会从与 A 细胞共享的突触接收这些递质,同时也从与别的神经细胞共享的突触收取其他递质,之后再进行下一步的任务。这种细胞和细胞之间的大量交流就形成了我们思想、感觉及活动的主要基础,这可以说是关于认知和语言的最简洁的描述。

十几年前,巴西的几位科学家发现,成人的大脑里约有 850 亿个神经细胞(或称神经元),其中只有 150 亿分布在脑皮层,但有 600 多亿都分布在小脑里!这令人相当意外,所以我认为,过去科学家太低估了小脑的功能,小脑不只管理我们的动作,还在认知、语言方面都起着很大的作用。

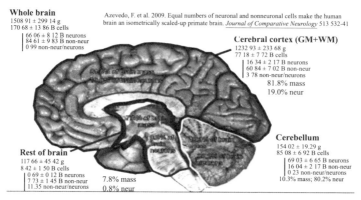

图 47　大脑里不同部位的神经元数量（Azevedo et al. 2009：536）

　　神经细胞的任务是处理信息，当然也包括组织感官所接收的信息，如指挥全身的肌肉应该怎么运动。简单来说，每个人的思想、行为等都取决于神经细胞的运作。因此伟大的科学家 Francis Crick 曾经说过："我们的心智——也就是我们大脑的行为——可以用神经细胞（与其他细胞）和与其相关的分子之间的互动来解释。"我们在第三讲里还会再提到 Crick。

　　图 49 的神经元是 Cajal 自己画的，他一边用显微镜看一边画。他画得非常好，很多他给神经系统画的图，现在在医学院里还是用的。因为这个发现，他在 1906 年得到了诺贝尔奖。他的这个发现叫做 neuron theory。神经元有三部分，一个就是它的主体（body，soma）。然后它有很多很多的分支出来，有一支特别长、特别粗的分支，这一条就叫 axon（轴突），axon 是送信息出去的。别的这些分支叫做 dendrites（树突），是收信息进来的。所以神经元一方面收信息进来，一方面送信息出去。

　　它送信息出去的时候，可能送给另外一个神经元，也可能送给肌肉，让那个肌肉动。它怎么送呢？神经元有 dendrites 和 axon。它的 axon 里头有一种电压，外头有一种电压。axon 的里头、外头，如果没有什么动静的话，它的电压就叫做 resting potential（静息电位），差不多负 70

millivolt。可是一下子有个信息要传出去了,这个电压就变了,从负 70
到正 20、30、40。这是动作电位的开始,动作电位负责传信息。当一个
神经元跟另外一个神经元沟通的时候,就是靠这种动作电位。

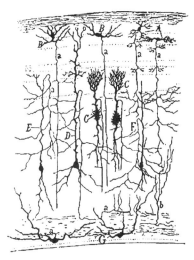

图 48　Cajal（1852—1934）肖像　　图 49　Cajal 亲手所绘的神经元

　　动作电位过去的时候就会产生电,所以我们如果把电极放在头皮
上,就可以量大脑的什么区有活动,当然这是非常难的一件事情。就像
一个大球场里头,好多人都在动,好多人都在说话。你拿了一个话筒挂
在那里,想听张三和李四在说什么,却可能听到许多别的声音。同样
地,虽然我站在这里跟你们说话,我在动我的舌头,也在动我的手。但
是我也感觉得到哪里有灯,我也听得到种种的声音,我一定要维持我肌
肉的松紧,不要摔下去等。这些都是大脑在动作。所以好多好多神经
元都在沟通。比方我们看见一只猫,我们要知道大脑怎么样说猫。我
们要在这千千万万的动作当中找到一个,这是非常难的事情。

　　其实如果单是这个样子传信息,神经元的信息传达就太慢了。所以一般很多 axon 上头,包着一些皮,这些皮叫 myelin(髓鞘质、髓磷脂),是大脑里的一种胶质细胞。就是像图 50 这样的皮。这些皮是白的,神经元本身是灰的。所以大脑里头有很多白质跟灰质(white matter、grey matter)。灰质是神经元,白质就是这些包的皮。它为什么要包着皮呢? 因为本来动作电位走动的时候,是连续地这么走过去的,就像我刚才几个幻灯片所示。但是你把神经元一包,当中的这一段,里面的电压跟外头的电压就不发生关系了。因此它不是慢慢慢慢地走过去,而是一大步、一大步那么跳过去的。这样子就让我们神经元的沟通速度快得多了。

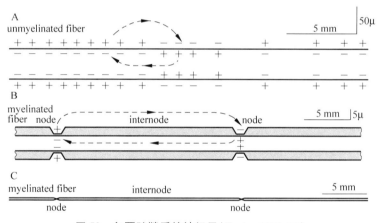

图 50　包覆髓鞘质的神经元(Eccles 1972:28)

　　小孩生下来的时候,其实很多的神经元是连着的,可是沟通的速度太慢,比方我们说 s、f 这些擦音,它们的频率非常高,需要非常快的传达速度才能感应得到,小孩就感应不到。但是慢慢地他的大脑就会 activate(激活),就有这种东西。白质越多,大脑的效率就越高。如果那样子的话,就不是一步一步地上去,而是一跳一跳地,这个叫做 transmission by saltation(跳跃式传导),如图 51,这大大地增加了神经系统的速度。不过这个比起电脑来,实在是差得太远了,因为电比这种电压的传播快得多。也许在场有些人是研究电脑的。研究电脑的人有时候喜欢把大脑跟电脑作比较,我觉得这是非常不恰当的。因为就算是现在的电脑,也基本还是照 20 世纪五六十年代非常伟大的数学家 John von Neumann 设计的,有一个 central processor(中央处理器),有种种不同的部分。但是电脑的结构,主要是以 single logical processing 为基础的。

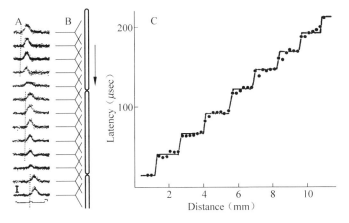

图 51　跳跃式传导(Eccles 1972∶30)

　　大脑不是这样子的。大脑是由千千万万的神经元在作 parallel distributed processing。所以我们要了解语言,一定要了解能够支持这个语言的东西。支持语言的这个东西不是像电脑那样子的,是一个跟电脑很不同的 parallel connective processing。[①]

　　大脑的皮层可以用它表面的两条大沟分为四块脑叶,就是中央沟及外侧沟。人脑最发达的是中央沟前面的额叶,尤其是该脑叶最前面的部分,叫做前额叶皮层,这个部位和重要的执行功能密切相关。中央

---

① von Neumann 1958;Churchland & Churchland 2000.

沟后面的第一条脑回负责处理整个身体的感觉，这条脑回属于另一个脑叶，称作顶叶，与整合种种不同的感觉有关。脑皮层的另一条大沟叫做外侧沟，沟的上方是额叶和顶叶，下方是颞叶。颞叶除了管理听觉和语义外，也与记忆有特别的关系。

神经元有好多种，有的直接连上肌肉，让我们可以进行不同的动作；有的直接连上感觉器官，让我们可以看、听、闻等；还有一种专门让不同的神经元沟通，叫做中间神经元（interneuron），这类神经元多半位于顶叶。顶叶的后面是枕叶，负责管理我们的视觉。

Broca 很有远见，把他研究过的两个失语症病人的大脑保存下来，Dronkers 的研究团队后来有机会用脑成像技术扫描了这两个大脑。前人研究大脑时，主要是关注刚才我们说的四对脑叶（因每个半脑各有四块），可是 Dronkers 等人（2007）发现，像语言这么复杂的行为，其实分布在大脑的每一个重要区域，因此 Broca 失语症患者的大脑损伤，远非只限于 Broca 区。现在我们简短地介绍另外两部分，一个是这四对脑叶下面的一些皮层下结构，另一个是位于枕叶下的小脑。语言和大脑研究的发展轨迹大约是：从 19 世纪起开始注意皮层，20 世纪初开始了解神经元，然后开始注意皮层下的结构，而 21 世纪要开展注重小脑对语言及认知的关键作用的研究。

先谈皮层下的结构。从演化角度来看，这些结构的形成当然要比皮层早得多。大脑所要处理的绝大部分信息，如看见、听到或闻到某些信号，都先抵达皮层下结构，再个别传递到不同脑叶中。这基本的设计，很早就已演化出来，大部分的脊椎动物都具备这些构造。有的结构比较小，如传递视觉的上丘（superior colliculus）或传递听觉的下丘（inferior colliculus），有些比较大的，其中非常值得我们注意的，是一套由 Broca 命名的神经系统，叫边缘系统。这个系统里的两组神经元特别有意思，一组比较小的叫做杏仁核（amygdala），跟我们的情感有密切的关系。过去有人觉得,理智和情感是绝对分离的,可是我在第一讲里已经提过,现在从大脑是个整体的立场出发,我们知道这两者是分不开的。我们对什么人在什么时候说过什么话,当然一部分取决于理智,也一部分取决于感情。

边缘系统内另一组比较大的神经组叫做海马体,因为其形状类似海马而得名。海马体的重要性在于它在记忆方面的核心功能。记忆可分为短期记忆和长期记忆,如果要临时记住一个电话号码,海马体可以帮助我们记得几分钟,然后就会忘记。但如果我们在学英语里的一批新词,那就要通过海马体的功能,把信息一步步传到不同的脑叶来长期保存。例如新词是 apple = 苹果,每个词都有语音、语义、语法、语用上的许多特征,如苹果的颜色、味道、吃起来的声音、营养价值等。所以当这套新的特征进入大脑时,这些信息肯定分布在不同的皮层里。

皮层下的结构多不胜举,我们这里再简短提一套专门让大脑和外界沟通的工具,就是 12 对脑神经(cranial nerves,CN)。这些脑神经有的只传入信息,如第一对(CN I)只传入嗅觉,第二对(CN II)只传入视觉。有的只传出信息,控制肌肉,如第三对(CN III)只管眼珠的运动,第八对(CN VIII)有两种不同的功能,一是掌管我们的听觉,通过内耳的耳蜗,能分析一个声音内含的不同频率,这是我们用口语沟通的第一个步骤,可是 CN VIII 同时也通过内耳的半规管(semicircular canal),帮助身体保持平衡。这 12 对脑神经中,最复杂的要算是第十对(CN X),既能传入信息,例如喉咙里的感觉;又能传出信息,控制种种不同的肌肉。更有趣的是,CN X 还有一条分支,叫做喉返神经(recurrent laryngeal nerve),作用是控制我们唱歌或说话时,喉头里面声调振动的频率,这对说声调语言的我们来说,当然格外重要。可是特别有意思的是,喉返神经走的路却不是从皮层下直接插入喉咙里,而是先与喉咙擦肩而过,向下走,绕到主动脉下,然后向上走些路才进入喉咙,见图 52。

这看似不合理地舍近路不走而绕远路，是由于三百万年前，自从人类的老祖宗开始直立行走之后，我们的身体结构也随之有了变动。

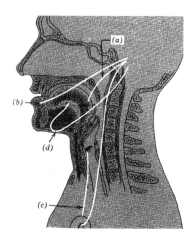

图 52　说话涉及的神经机制（Lenneberg 1967：95）：a 是第五对三叉神经的
分支，控制下颚的运动；b 是第七对面神经的分支，控制双唇的运动；
c 是第十对迷走神经的分支喉返神经，控制喉部的运动；
d 是第十二对舌下神经，管舌头的运动。

　　现在再谈一下枕叶下面的小脑。过去我们一直以为小脑并没有起很大的作用，其主要功能是控制平衡及一些表面的动作；可是近年来，我们对小脑却有了很多新认识，例如我刚才所说过的，巴西的科学家发现，原来小脑里神经元的数量，竟比脑皮层里的神经元多了三倍！

第 三 讲

"It is peculiarly important that linguists, who are often accused, and accused justly, of failure to look beyond pretty patterns of their subject matter, should become aware of what their science may mean for the interpretation of human conduct in general."

Edward Sapir（1884—1939）

3.1　语言学的宏观视野

我们继续讲语言、大脑、演化这三者的关系，用宏观的态度来看语言到底是个什么东西，请见图53。因为2009年是达尔文的两百年诞辰，所以我们就从达尔文讲起。达尔文提出他的演化论的时候，当然不知道演化的单位是什么，因为那个时候 Mendel 还没有把基因研究出来，可是他们基本是同时的，Mendel 也是那个时候在种一颗颗的豌豆，然后他从豌豆的遗传用统计的方法，了解到基因是演化最小的单位。

一直到20世纪开端的时候，有人才发现 Mendel 写的那篇文章在图书馆里放了三十年，突然有人觉悟到这是非常重要的论点，能够把遗传学跟演化论合并在一起。又过了几十年，才有人把这两种理论很有效地结合在了一起，叫做 Synthetic Theory of Evolution。我们也谈到达尔

文的 *Origin of Species*,那个时候很多人都喜欢看,翻译成很多不同的语言,有一个德译本,通过 Haeckel 传到了 August Schleicher 的手里。Schleicher 一看就非常地兴奋,然后几年之内就写了一本小书,说是献给达尔文的,用达尔文的方法来讨论语言。①

	19th century	20th century (first half)	20th century (second half)	21st century
Evolution	Darwin, Mendel	Synthetic theory of evolution	Watson-Crick (1962)	Decoding human genome
Neuro-Science	Broca, Wernicke	Cajal (1906) Sherrington (1932)	Sperry (1981) Hebb Penfield	Brain imaging
Linguistics	Schleicher, Schmidt	Saussure Sapir Jakobson Greenberg	Generative grammar (MIT) Construction grammar (Berkeley)	Evolutionary linguistics

图 53 跨学科的语言研究

Schleicher 也照着达尔文的那个方法,替印欧语系画了一个树图。古印欧语系,包括斯拉夫系、日耳曼系等。他画的树图(图 5),是语言学里的第一个树图。Schleicher 有个学生 Johannes Schmidt,他说树图虽然很中用,但是一定有很多重要的信息不能包括在这种树图里,因为树图所代表的只是纵向的发展,而语言跟语言接触的时候,比方说上海话跟说广东话的人接触的时候,会互相影响的。双语的人就是有时候受这个语的影响,有时候受那个语的影响。这种影响当然地理上越近,影响就越大,所以 Schmidt 提出 Wellentheorie(波浪理论),这个基本是 19 世纪的情形。

我在第一讲说过细胞演化的漫长故事,其实个人的成长有个相对的缩影,这正是前人所说的个体发育概括了群体发展(ontogeny recapitulates

---

① August Schleicher 1863.

phylogeny）。ontogeny 指的是个人的发育过程,但 phylogeny 指的是人类这个群体的演化历程。我们每个人的生命,都始于父亲的精子与母亲的卵子结合成一个细胞,之后,这个细胞就快速地分化,一分为二,二分为四,四分为八,一直到成年时,我们体内已经有几万亿个细胞。

非常神奇的是,这些细胞中,每个都会预先知道哪个细胞该往哪里去完成哪个任务,所以有的细胞会变成指甲而转移到手和脚上去保护手指脚趾,有的变成肌肉或皮肤或骨骼等。对目前的科学来说,最重要的是移到头颅和胃肠内的种种神经细胞,这些是 19 世纪末才发现的,这也是神经科学的开端。

在神经科学方面,19 世纪也有三位很杰出的科学家,见图 16。一个是法国的 Broca,一个是德国的 Wernicke,他们各自发现在左大脑上有一个区域,跟语言的运作非常有关系。还有一个是 Dejerine,他让我们注意到大脑和文字的关系。现在我们还是讲 Broca 区、Wernicke 区。这两个不同的区受伤的时候,病症很不一样,Broca 区失语症的病人,说话的时候非常不流利,往往很多语法上的东西都不会运用,可是听懂话没有什么问题。Wernicke 区失语症患者恰好相反,他们说话又快又流利,好像很生动的样子。但是如果仔细听,话里都没有什么意思的。第一讲里我还提到 Lewis Carroll 的诗 Jabberwocky,听起来好像是英语,但是不是英语,里头的词一个个都很奇怪。Wernicke 失语症患者,说出来的话跟这个很像。

到了 20 世纪开端的时候,有一个很伟大的生理学家,是一位西班牙医生叫 Santiago Ramón y Cajal。他非常仔细地用显微镜看神经系统,发现神经系统不是一套连着的网,而是好多很小的神经元所组成的,Cajal 的理论就叫 neuron theory。那是第一次有人说,我们的神经系统的最小单位是这些神经元。有时一个神经元跟别的神经元沟通,有时候一系列的神经元沟通。比如说我要举手,有的神经元会动,我要看那个灯，另外一些神经元会动。人的一切思想及行为，都是这些千千万万的神经元沟通的结果。英国的生物学家 Charles Scott Sherrington，作过一个很美的比喻，他说这无数之多的神经元沟通时，就像"一部着魔的纺织机，其中数以百万闪烁的梭子都在织着一个渐渐隐去的图样，这个图样始终是有意义的，不过却非持久永恒；是由许多小图样组成、不断变化的大图样"。①

再回到图53，语言学在 20 世纪开端的时候，有一位非常有天赋的瑞士语言学家 Ferdinand de Saussure，他后来基本是在瑞士教书。在美国有一个学者叫 Sapir，至于俄国的 Jakobson 我们讲过了，就是那个说 12 种语言的人，说出来都好像他在说俄语。美国的 Greenberg 我们也已经讲到了，他是一个非常伟大的语言学家，把世界上所有的语言都归了类。

到了 20 世纪中叶，在演化论方面很大的成就主要来自两位学者，James D. Watson 是美国人，Francis Crick 是英国人，他们常在一起讨论，得到很多激励，并从剑桥大学、牛津大学获取许多一手的材料。他们说，原来基因是成双旋钩那么叠在一起的。这个就是 double helix（双螺旋），双螺旋给遗传学开了一扇很大的窗。

既然提到 Crick，我就再讲讲他 1994 年出版的一本书，叫 *The Astonishing Hypothesis*。书里有几段话我觉得很值得与大家分享。为什么书名叫"惊人的假说"呢？他自己的解释是："这个惊人的假说是，你，你的喜与悲，你的记忆与抱负，你的身份认同与自由意志，其实都不过是庞大的神经细胞及其相关分子之间的行为而已。正如 Lewis Carroll 笔下的爱丽斯可能会说的：'你不过是一堆神经元而已。'这个假说与

---

① "... an enchanted loom where millions of flashing shuttles weave a dissolving pattern, always a meaningful pattern though never an abiding one; a shifting pattern of sub-patterns." Sherrington(1953).

当今世上多数人的理念如此格格不入，因此的确可以称得上是惊人的。"Crick 虽然是生物学家和神经科学家，却对语言也很感兴趣。他还说过："人类最富特色的一项能力就是，我们能流利地掌握一个复杂的语言……人类被赋予了对世界的无尽好奇心……我们必须持续努力，才能对我们所处的这个庞大宇宙，也对我们自己本身，勾勒出一幅明晰且有效的图像。"

所以图 53 里有五位诺贝尔奖得主，Cajal 得诺贝尔奖是 1906 年，Sherrington 是 1932，Watson-Crick 是 1962。Sperry 是 1981。还有两位在神经科学方面作了非常大的贡献的加拿大人，两人同时在 McGill 大学的 Montreal Neurological Institute 工作。一个是 Donald O. Hebb，现在大家都会说 Hebbian learning（赫宾学习），赫宾学习是什么呢？就是神经元如果彼此邻近互相刺激的话，越刺激它们就越容易被刺激。那么它们当中所产生的 synapse（突触）就会越来越多，所以这些神经元是先天给我们的。环境给了我们什么呢？环境给了我们学习的机会。什么是学习呢？就是神经元当中结合的关系，结合的效率。待会我们还会看到一些例子。Hebb 的同事叫做 Wilder Penfield，我们在大脑上很多基础的概念，都是 Penfield 拿电极在人脑上刺激这一部分，刺激那一部分，这么发现出来的。

3.2　语言学的发展

在语言学里头，20 世纪上半段时间主要是叙述大批的语言。如果我们不知道世界上有哪一些语言，有多少语言，这些语言跟语言当中是什么样的关系，什么样的结构，结构上什么是可能的，什么是不可能的，这些基本东西如果我们不知道的话，那就谈不上什么语言理论。所以这半个世纪好多语言学家的精力就花在搜集材料上，有的到非洲去，有的到澳大利亚去,有的到南非去,到世界各地收集了非常多的语言材料。到了 20 世纪中叶,就有很多理论出来。有很多理论大概现在都不会听到,因为出来几个月、几年之后,讨论的文献就比较少了。比方有个 model 叫 Theory of Tagmemics(句素理论),是我在 Michigan 的老师 Kenneth Pike 提出来的。另一个理论叫 Stratificational Grammar(层次语法),是 Sydney Lamb 创出来的。还有 Systemic Functional Grammar(系统功能语法),是 Michael Halliday 提倡的。有很多不同的花样,但是比较受人关注的,是生成语法,是 MIT 出来的。它一出来的时候风靡一时,可是过了二三十年,大家越来越发现生成语法里有很多很明显的弱点,所以现在走那条路的人越来越少了。①

在 Berkeley,1980 年、1990 年时,有一组语言学家的看法跟生成语法有几点很基本的不同。这些人包括我在 Berkeley 时的几位同事:Charles Fillmore、Paul Kay、George Lakoff,他们这些人,思想是大同小异的。UC San Diego 也有些人,其中有位叫 Ronald Langacker,他的理论叫做 Cognitive Grammar(认知语法),认知语法跟 Construction Grammar(构式语法),其实蛮近的。还有一些人研究 Functional Grammar(功能语法),如 Talmy Givón 和 James Tai(戴浩一)。现在功能语法、构式语法,跟认知语法基本上都连得起来,慢慢地已融合成为语法理论的主流。②

我们到了 21 世纪的时候,已经把人类的基因、基因组全部辨认出来了。到底第一个染色体是什么样的 sequence,第二个染色体是什么样的 sequence,也完全分析出来了。而且都在互联网上,大家都可以在网上查得到。神经科学上则有了 brain imaging(脑成像),这是非常厉

---

① Wang(2011b)里提到了一些学者对生成语法的批评。

② Kay & Fillmore 1999; Croft 2001; Tomasello 2003; Goldberg 2006; Langacker 2008; Tai & Chen 2010.

害的技术,当活生生的人在做事情的时候,大脑里面哪一区在做什么事情,脑成像都能够把它显现出来。我觉得这是非常惊人的一种成就。因为这方面有这样的进步,语言学如果不把我们所知道的这套东西,跟这些新的知识连在一起,就太可惜了。所以有些人已经开始往这个方向做,把语言学跟演化论、遗传学、神经科学的知识连在一起。我们搞语言的不能只管自己这一小块地,要是我们的理论,长久不能跟别的知识融合在一起,打成一片,一定会被淘汰的。所以我觉得语言学要包括演化及大脑的研究,才是真正的语言科学。

Mémoire sur le système primitif des voyelles dans les langues indoeuropéennes（1879）
Cours de linguistique générale（1916）

图 54　Ferdinand de Saussure（1857—1913）肖像及两本代表作

刚才我们谈到了 Saussure。Saussure 是一个天才,他 19 岁左右就开始写博士论文,他的博士论文题目是 *Mémoire sur le système primitif des voyelles dans les langues indoeuropéennes*,就是印欧系的语言,这是个很大的贡献。因为那个时候,并不是所有的印欧语材料他都有,还有很多还没有挖出来的印欧语。但是他把那个时候手边有的印欧语元音系统一个个都排出来，把它们系统化，然后他就说出了一些很惊人的话。他说我相信在古印欧语 Proto-Indo-European 里头——就是这些印欧语的老祖宗，好几千年以前的老祖宗——一定还有些元音，可是这些元音在目前的印欧语系里已经找不到了。这个有点像化学家 Mendeleev 推测 boron(硼)，他把化学元素排成一个表之后，说这里有个漏洞，那里有个漏洞，也许这些东西存在，可是我们还没有找到。Saussure 也是同样的道理，一种非常有远见的系统研究。

他说这些话时还是十八九岁的孩子，相信他的人不多，但是还是有人支持他的，他的论文发表了几十年之后，在土耳其挖掘出一些石碑，发现了一些瓦片，才知道这是一个以前没有研究过的语言，可是这些语言一定是印欧语，而且在这些材料里那些元音被找到了。他博士论文里所推论出来的一些东西，几十年之后被证实，这是语言学里面很伟大的成就。之后他到瑞士去讲课，讲了几年，没有自己写书。有几个学生一起把他讲的课编成了一本书，就是 *Cours de Linguistique Générale*（《普通语言学教程》），这本书在语言学界的影响非常大，有正面的也有负面的。正面的就是在他以前大家没有特别注意到的，语言是一个很完整的系统，你动这里，那里也会动，你动那里，这里也会动，所以他有这么一句非常有名的话，说"Chaque langue forme un système où tout se tient"。他说每一个语言都是一个系统，什么样的系统呢？就是什么都包着什么别的，是紧紧地织在一起的一个系统。这句话不是他说的，不过他很多学生都追随他这个思想，Antoine Meillet 和 Saussure 都说过类似的话，这当然是一个很好的概念。不过负面的地方就是，他把这个系统看得太抽象了。比方他说语言就像下棋一样，下棋是一个系统，但是用什么材质来做这些棋子一点关系都没有。木头做也可以，金属做也可以，陶器做也可以，因为下棋是个很抽象的系统。刚才我提到过 Greenberg，①

---

① Greenberg 1971.

他说也许不能够太认真地相信 Saussure 这句话。因为语言到底是人体所发出来的一种行为,有的音能发,有的音不能发;有的音比较容易发,有的音比较难发;有的句子比较容易分析,有的句子可能很难分析。记忆是有限的,比方你的朋友跟你说,我的电话号码是……然后一下给你16 个数字,你记得住吗？同样,要是句子的结构非常长,关系非常复杂,那种句子就不会存在了,所以语言的单位不像下棋的单位。我觉得语言的结构跟语言的实用,有很密切的关系,这个跟棋就不一样了。其实我最近常思索这些问题,就写了几篇文章。比如有一篇叫《孟德尔与琼斯,道不同不相为谋?》,①威廉·琼斯(William Jones)我们还没提到,他比 Schleicher 早差不多一百年,是印欧语系的鼻祖,印欧语系是他建立的。另一篇文章是《索绪尔与雅柯布森:现代语言学历史略谈》,收在《庆祝李远哲先生七十寿辰》里。② 索绪尔就是刚才谈的Saussure,雅柯布森是 Jakobson。李远哲是那时"中研院"的院长,所以他七十岁大家都写文章替他祝寿。

　　刚才我提到 Saussure、Sapir、Greenberg、Jakobson。他们都是 20 世纪非常有贡献的语言学家。当然也有很多别的学科中研究语言的学者,例如英国剑桥大学非常有影响的哲学家 Ludwig Wittgenstein (1889—1951)。刚才说过 Saussure 给语言作过一个很有名但是不大恰当的比喻。他说语言像西洋棋,语言的规则像下棋的规则。Wittgenstein 也给语言作过一个很有名的比喻,而且有意义得多。他说语言就像一座古城,有很多不同时代的建筑,有新铺的笔直的大马路,也有早期的羊肠小道;有世代定居在此的原住民,也有刚刚迁入的新移民;有新近完工

---

① Wang 2001.
② Wang 2006a.

的高楼大厦，也有多次翻修的老房子。① 四十多年前思索语言变迁的问题时，我们提出的词汇扩散理论就受这个比喻的影响，因为一个语言的历史变化中，有不同时代的纵向传递和横向传递，全都杂在同一个系统里，很像一座古城。

"The Sanscrit language, whatever be its antiquity, is of a wonderful structure; more perfect than the Greek, more copious than the Latin, and more exquisitely refined than either, yet bearing to both of them a stronger affinity... than could possibly have been produced by accident; so strong indeed, that no philologer could examine them all three, without believing them to have sprung from some common source, which, perhaps, no longer exists." （1786）

图 55　William Jones（1746—1794）肖像

　　我顺便也趁这个机会提两个已经在语言学界有很大影响的人：一个是在德国的 Michael Tomasello，德国有个研究所叫 Max Planck Institute，就是那个物理学家 Max Planck 资助的。Tomasello 是在 Leipzig 的 Max Planck Institute。1999 年他写过一本很有意思的书叫 *The Cultural Origins of Human Cognition*，讲人的认知是怎么来的；然后 2003 年他又写了一本书叫 *Constructing a Language*，构式语法文献里经常会提到。他前几年作了一个著名的讲演，那个讲演后来集结成书，书名叫 *Ori-

---

① "Our language can be seen as an ancient city: A maze of little streets and squares, of old and new houses, and of houses with additions from various periods; and this surrounded by a multitude of new boroughs with straight regular streets and uniform houses." Wittgenstein, Ludwig 2001. *Philosophical Investigations* I 18:8.

gins of Human Communication，蔡雅菁已经把它翻译成中文，中译本也已经出版。他的特点就是，很少有人像他，精通语言学跟心理学，同时又经常以黑猩猩作研究，也以婴儿作研究，这两个是非常重要的参考点。因为黑猩猩跟我们在基因上非常近，可是它们没有语言，关键在于它们没有学会说话的可能。婴儿当然跟我们很近了，可是婴儿一开始的时候也没有语言，他们怎样能够从没有语言，变成有语言？Tomasello 同时在注意这些问题，我觉得这个是很难得的。

　　还有一个是在芝加哥大学，叫 Salikoko S. Mufwene，是个非洲名字，他是刚果人。他把演化论的很多概念带入了语言学，他有一本书叫 *The Ecology of Language Evolution*，[①]由剑桥大学出版，南开大学的郭嘉、胡蓉和阿错老师翻译成了中文，2012 年出版。但是人家在翻他这本书的时候他又写了一本，这本书叫做 *Language Evolution: Contact, Competition and Change*，[②]写得更丰富，所以我想不久大概也会有人翻译这本书。但更重要的，我们大家不要因为他写的是英文就怕。这是事实，现在学术界最重要的国际语言是英文，所以很多新的、最先进的东西是先用英文出版的。如果我们老坐在那里等别人把它翻成中文，那我们就永远赶不上了。所以有的时候就硬着头皮去翻翻，越翻就越容易看得懂。Mufwene 关于语言的接触做得非常好，研究两个语言在一起使用久了，彼此怎么样互相影响。在语言接触的领域，尤其是东亚的语言，陈保亚先生也作了很好的贡献，[③]Mufwene 关注的范围更广，他研究全世界的语言接触，非洲的也好，南美的也好，东南亚的也好，他都研究过。所以我觉得在这方面他的视野最广，眼光也最远。

---

① Mufwene 2001.

② Mufwene 2008.

③ 陈保亚 1996。

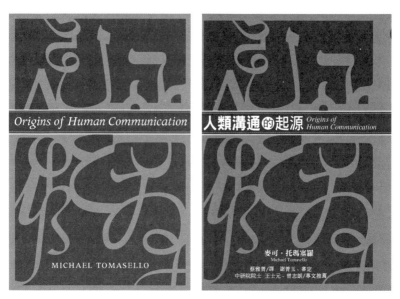

图 56 《人类沟通的起源》一书英文、中文版封面（Tomasello 2008, 2010）

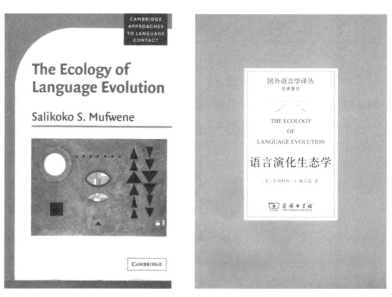

图 57 《语言演化生态学》一书英文、中文版封面（Mufwene 2001, 2012）

3.3　儿童的语言习得

胎儿在母亲肚子里时，就已一直在发育、成长。当长到六个月大时，就开始能够听到母亲身体内部的声音，也可以逐步地听到体外的低频率声音。所以婴儿出生时，已经接触过母亲的声音，以及环境里常听到的语音。同时通过超声波仪器，我们也可以看到胎儿在六个月时，开始练习舌头、嘴巴的种种动作。

现在我们再回到我们的大脑。胎儿在妈妈肚子里时，大脑一步一步地成长，很多比较乐观的人，希望小孩还没有出来，就可以先教他东西，让他听音乐，给他放英语录音带，不知道这个到底有用没有用，有的人是很相信的，如果能够做到，当然很好，但是我还没有找到什么可以让我完全相信的证据，不过的确胎儿的大脑发展得很快，如图58。到七个月的时候，基本已经成形了；到九个月快要出生的时候，一些很基本的皱褶也已经都在了；等到生出来的时候，马上就有很惊人的本事了。图59是刚出生几个小时的小孩，上面那个人的名字叫 Andrew N. Meltzoff，他是华盛顿大学一个很好的科学家。这是他 1977 年和 Moore 合写的一篇经典文章，他到医院里去，小孩躺在那儿，他就给小孩做种种的鬼脸。他把舌头伸出来，小孩也把舌头伸出来。小孩那个时候还看不清楚，他眼睛里面的神经网还没有完全长好，但是他已经在模仿了，这个很难解释。他看不清楚这一大坨肌肉在干什么，同时他不知道怎么样控制自己，他从来没有看过镜子，但是他几个小时之后就能够自动地做这种模仿，所以肯定是先天就有的能力。这种模仿的能力在所有的动物里人类最强。模仿的能力当然跟社交、组织、与别人相处、学语言都有非常重要的关系。

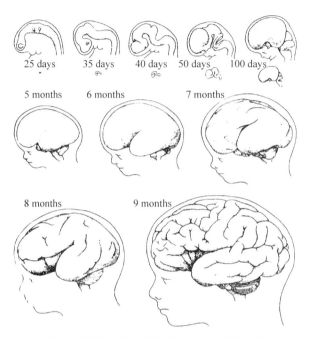

图 58 胎儿大脑的成长(Johnson 2005:21)

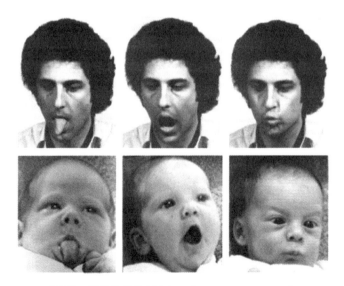

图 59 婴儿的模仿(Meltzoff & Moore 1977:75)

从另一个角度看,在双语环境里成长的小孩,他们的语言如何发展,当然也是研究儿童语言习得时非常中心的课题。① 有的科学家现在发现,说双语以上的人在认知方面比单说一种语言的人占优势,因为他们经常处于需要双语或多语转换的环境中,所以他们的认知能力比一般人灵活(Bialystok et al. 2010)。但不同语言间的差异很大,因此不能一概而论。例如说法语和西班牙语的双语者,因为这两种语言非常类似,因此他们的认知优势,大概就比不上说汉语、英语的双语者,或说阿拉伯语、俄语的双语者。

图 60 来自 2009 年 Mampe 等的一篇文章,我不知道这个该不该相信,不过至少有些人觉得这是可靠的,因为在 *Current Biology* 上登出来了。上边的是法国的婴儿,下边的是德国的婴儿,我们知道法语跟德语的重音很不一样。一个在后头,一个在前头,比方英语的"语言学",叫 lin'guistics,它重音在词的当中,但法语是 linguis-'tique,在后头,而德语是 'Sprachwissenschaft,重音在前头。这篇文章的意思就是,小孩很早就注意到重音的位置,所以他的哭声也跟这个相配,我觉得这是一个有趣的问题,这个跟语言的习得、语言的传递都连得上。所以读者不妨去看原文,相信不相信由你们。

图 60 是语图仪画出的图谱,纵轴是它的基频,所以法国小孩哭的基频是上升的,德国小孩是下降的。图谱上头的就是原来的音波。不管你是在学什么语言,好像都符合一个时间表,大家都是照它做的。从听觉上面看来,一开始的时候,因为这婴儿不知道他将来会说什么语言,所以,什么不同的语音成分他都听得见,慢慢地,他就开始注意母语里面一些特有的性质。他开始判断,推测某个音节一般出现在什么音节前头、什么音节后头,开始作统计分析。他不知道自己在作统计分

① Yip & Matthews 2007.

析,不过我们看他的行为,知道他是在作统计分析。[1] 他作了这种分析之后,就知道哪三个音节可能是一个词。他把词取出来之后,就可以把这三个音节,跟外头的东西连起来,音跟义就可以结合了。然后慢慢地,别的语言里面的东西,他就听不见了。很可能美国小孩很小的时候,比方半岁的时候,听 mā、má、mǎ、mà 没问题,可以听得出差别来。可是等到他十个月、十一个月大的时候,就听不出来了,因为慢慢地他发觉,这个在他的母语里头没有什么用,所以他也就慢慢地听不出声调差别了。

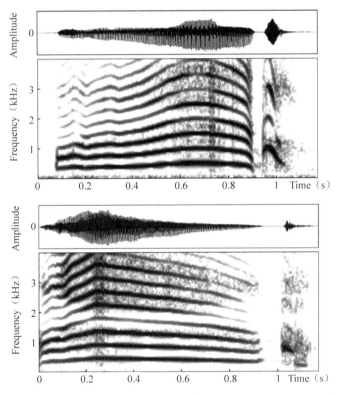

图 60　法国(上)与德国(下)婴儿的哭声(Mampe et al. 2009:1995)

① Saffran 2002; Kuhl 2004; Kuhl et al. 2008.

Meltzoff & Moore（1977）的文章一出来的时候,有人觉得很奇怪很好玩,大家都不相信。但是这三十年之内有十几个不同的实验室,有更深入的录像,他们的结果完全是可靠的。可能最近发现的一种神经,跟这个有关系。这种神经叫做 mirror neuron system（镜像神经系统）,十几年前意大利的 Giacomo Rizzolatti 在他的实验室里发现的。他们发现,猴子大脑当中有一部分,当它用手去拿花生、香蕉的时候,那部分的神经元会有动作。有一次那只猴子坐在那,自己完全没有动手,只看见别人在用手拿果子,它这个神经系统就也发放了。因为好像是一种镜子一样,所以叫做镜像神经系统。而且这个系统跟动作的用意还有关系。比方图 61 左上,如果猴子拿东西要放到嘴巴里去吃的话,那么对镜像神经系统的刺激就比较高;如果只是把水果从一个盘子里放到一个碗里,它就低得多。一个是有东西吃,一个是没东西吃,没有吃的猴子就不大感兴趣。同时它如果看到别人做相似的动作,比方这个人是把东西放到嘴巴里去吃的,刺激就大;如果是放到一个碗里,反应就小得多。曾志朗先生在台湾的《科学人》上写了一篇蛮有趣的文章《牵动你我的神经,镜像神经为什么重要》,就是讲镜像神经系统的。[1] 当然,并不是所有人都相信所有镜像神经系统方面的文章,现在有好几百篇,也许一千多篇了,无论如何,它都是一个非常有趣的现象。[2] 这个基本现象是无疑的,因为在很多别的实验室里已经找到了这种镜像神经系统。

刚才我们不是谈到 Hebb 了吗? Hebb 最有名的贡献,就是他的那本书,叫做 *The Organization of Behavior*,[3]行为是怎么样组织的。概念非常简单:要是 A 神经元跟 B 神经元经常有沟通,沟通得越多,它们当

---

[1]　曾志朗 2006。
[2]　Hickok 2009.
[3]　Hebb 1949.

中的 synapse（突触）就会越多，而且越容易发放。如果 A 老跟别的神
经元沟通，B 老是跟别的神经元沟通，那么 A 跟 B，在神经上距离就越
来越远。要 A 跟 B 讲话，或者 B 跟 A 讲话，就会难得多，这就叫赫宾学
习。简单地说就是，"cells that fire together, wire together"（越能够一起
被激发的细胞，之间的连接就越强）。

图 61   猴子的镜像神经元反应（**Rizzolatti et al. 2006：33**）

小孩刚生出来的时候，还没有很多经验，神经元跟神经元还没有怎
么样通过话，可是在种种不同的情境下，他慢慢地会喝牛奶，说"妈
妈"，慢慢地坐起来，这些都是不同的神经元建立了关系。建立关系的
时候，就是照"cells that fire together, wire together"这个赫宾学习的原
则来的。民间常说的"七坐八爬，九站十走"，讲的当然是动作、感觉与
认知，这些也都是循着赫宾学习的原则发展的。所以虽然小孩的大脑
里头一开始已经有很多神经元了，不过请看图 62 最左边是刚生出来的
时候，其次是一个月的时候、三个月的时候、六个月的时候，六个月的时

候就不只是增加了很多新的神经元,更重要的是神经元跟神经元当中的接触,越来越多,越来越丰富了。

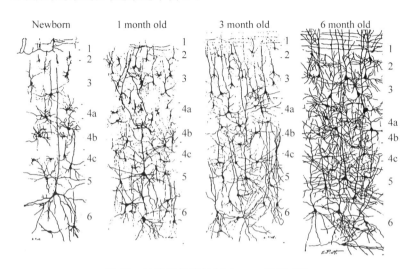

图62　神经元的增长(Johnson 2005:28)

3.4　母语、外语与关键年龄

前面提过,等到小孩几个月的时候,已经能辨别什么是母语,什么是别的语言。图63是十一个月大的小孩,但是近年来的文章,发现比十一个月早得多。一般四五个月大的小孩就能够知道,他听进去的不是母语,怎么知道呢?你不能去问他,他回答不出来的,但有很多不同的方法。图63就是用电极。小孩头上戴了一个网,每一点就是个电极,电极连到小孩的头皮上。小孩就坐在那儿,听"嗒嗒嗒"……听了好多"嗒"的音节,他觉得无聊得很,但是突然来了一个"他"的音节,他的电极就会被刺动一下。这种方法叫做oddball method(异数方法),就是突然来了一个奇怪的东西、一个异数。

Foreign phonetic test: 'ta-ta-ta-DA'（Spanish）
English listeners hear the Spanish syllable 'ta' as 'da'
Native contrast: 'da-da-da-T^HA'（English）

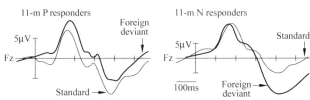

Responses to foreign contrast at 11 months of age

图 63　儿童的辨音实验(Kuhl 2004:840)

这个实验是用两组婴儿——十个月、十一个月的婴儿。有的母语是英语,有的母语是西班牙语。比方我们说"巴",当我说"巴"的时候,我有什么样的动作? 我得先闭紧双唇,然后在某一个时间我的嘴唇会打开,发出"巴",不开说不出来的,一定要打开。图 64 横轴是时间,我们假定图 64c 的 0 点是我嘴唇开的时候,如果我说的是"巴",我嘴唇一开,元音就出来了。所以我用几个共振峰来代表,64a、b 共振峰维持水平时是元音。现在我不说"巴",而说"趴"。我嘴唇还是要打开的,说的还是元音 a,可是我开嘴唇和元音开始的时候不一样了。我说"趴"的时候嘴唇打开,元音后来才开始,有四五十毫秒的时间,在这段时间里是没有元音的,不是 pa,而是 pha,肺里出来的气。再做一个别的音节,我们谈到了"巴",谈到了"趴"。现在比方我说 ba。"ba-ba-ba"这有什么不同吗? 在我嘴唇还没开之前,我的声带已经抖动了。所以我现在想给大家介绍一个概念,叫 VOT,voice onset time(起音时间)。VOT,如果是像刚才的说法"巴",VOT 就等于 0;如果像我的 ba 这个说

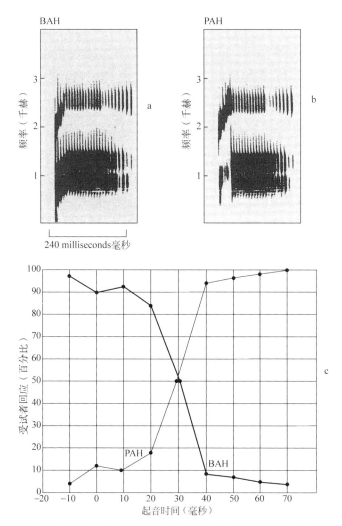

这个实验合成出不同起音时间的语音,儿童被要求在听到这些音之后,辨别听到的是有声辅音(BAH)还是无声辅音(PAH),受试者回应的相对比例曲线反映其类别感知的情形。这些结果的百分比并没有呈现出线性变化。这些曲线显示如果起音时间少于30毫秒,孩子们几乎把这些刺激全听成BAH;而起音时间如果超过30毫秒,则倾向将那个声音听成PAH。这些感知的倾向在30毫秒处骤变。这个研究显示塑造语音感知的是感知类别,而不是语音讯号物理属性连续的渐进变化。

**图64a、b、c　正负起音时间及儿童对此的回应(Eimas 1985,
转载 Wang 2008:180、183)**

法,voicing 很早就开始了,这个我们叫它第二个情形,第二个情形 VOT 也许等于−50 毫秒;"趴"是嘴唇打开,又过了 50 毫秒,把这个叫做第三个情形,第三个情形 VOT 等于+50 毫秒。英语的 VOT 基本是 0,或者是+50。西班牙的 VOT 也是只有两套,是−50,或者是+10、+20。小孩在那儿听的时候,一听就知道"这个不是我熟悉的 VOT",因为他听得出来。所以就知道这是不是母语。

　　我一开始看到这个的时候觉得很惊讶,怎么小孩那么小,就有这种本事,我教语言学教了好多年,很多学生还听不清楚,但是人家十个月的小孩就能够听到。这是一种先天的能力,而且这种先天的能力是一步一步在消失的。如果三岁、四岁、五岁的时候,没有听到一个特别重要的语音上的区别,等再大一点听到的时候,就听不大出来了。在这方面最好的例子是日本人,我们知道汉语里面有 r 和 l 的不同;英语里头也有 r 跟 l 的不同,比方 light 是 l,right 是 r,但是日本话里头没有这个区别。所以一般日本人学英语,学得晚的 l 跟 r 学起来非常困难,可是当你去测试很小的日本孩子的话,他们的 l、r 一点问题也没有。

　　所以这个是神经上一种一开始时就很敏感的能力,渐渐地会消失的。有一个研究语言习得的非常好的科学家,叫 Patricia K. Kuhl。她五年前在 *Nature Reviews Neuroscience* 中画了一个图,[1]她说小孩头一年,一个月、两个月、三个月、四个月……一直到满周岁的时候,在发音方面有什么样的能力,在听语音方面又有什么样的能力。图 65 底下是发音,上头是听觉。一开始的时候,她说 infants produce non-speech sounds,这就是我们所说的 babbling(牙牙学语)。差不多到五个月的时候,婴儿就可以开始模仿个别的元音,等到十个月的时候,听起来就可以分辨,他好像在说法语,或像在说日语,然后差不多一岁的时候,也许

①　Kuhl et al. 2008.

第一个词就发出来了。这篇文章写得很好,她把很多比较深入的研究成果都讲得很清楚。图 65 是从这篇文章里头取出来的,这个实验就是他们小组做的,在西雅图的华盛顿大学。

当然我们的大脑会一直长下去,刚才我们讨论的是很早期的一段时间,可是我们也看到图 66 大脑的成长在头两年最快,一开始的时候三四百克的样子,等到两岁的时候就超过一千克了。头两年,你看到小孩躺在摇篮里好像什么都不做的,其实他学了好多东西。他学这些东西就有 Hebbian learning,会有新的神经元,新的 synapse。孩子的大脑初期长得非常快,两年之内长了三倍。Eric Lenneberg 写过一本很有名的书,叫 *Biological Foundations of Language*。[①] 书里头其实很多东西现在都不完全对了,因为有好几十年的研究了,不过它还是一个非常好的基础课本。Lenneberg 说从两岁起,一般的小孩都可以至少说几个词了,一直到十岁这一段时期,学语言都特别重要,Lenneberg 很早就强调这一点。所以就有人把语言习得这一段时间叫做 critical age,也有人说其实并不是那么清楚的,也许不是 critical,用 sensitive 比较好一点。

还有一个人我在前面提到过他的名字,叫 Penfield,加拿大的科学家,他比 Lenneberg 更早说过这句话,而且他说话应当很有权威,因为他是个很有名的神经学家。他在 1939 年就说过:"九到十二岁之间的儿童是学习说话的专家。在那个年纪,他可以像只学母语一样轻松学会两三种语言……"[②]然后他说从那以后慢慢地就会不灵活,越来越僵化。

---

①   Lenneberg 1967.

②   "Before the age of nine to twelve, a child is a specialist in learning to speak. At that age he can learn two or three languages as easily as one..." Penfield (1939),转载 Penfield & Roberts (1959:235).

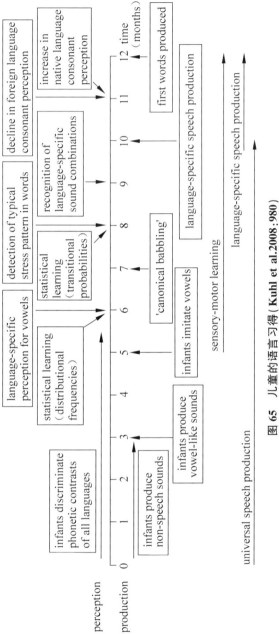

图 65　儿童的语言习得（**Kuhl et al.2008:980**）

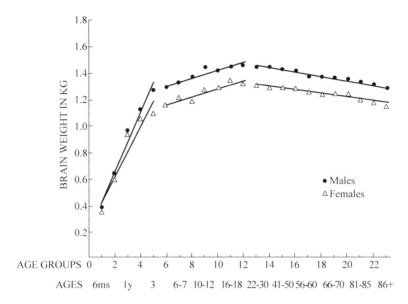

图 66　大脑的增长（Dekaban & Sadowsky 1978:350）

　　当然,人跟人有很多不一样的地方,最大的不同,就是有的是男的,有的是女的。我们的大脑也不一样,很早就有人知道男人的大脑跟女人的大脑,生出来就不一样。加拿大有一个神经学家叫 Sandra Witelson,几十年前她解剖了刚生出来的婴儿的大脑,不知道大家还记得不记得有个脑叶叫 temporal lobe（颞叶）,最上面有个部分叫做 planum temporale（颞平面）,就是跟语言特别有关系的那一部分。她解剖的几百个婴儿大脑里,绝大部分女孩的 planum temporale 都比男孩的大。[①]　所以从这个观点,我们可以说女性的语言发展很可能会占点便宜。

　　彩图 67 是最近一篇文章（Cahill 2005）里的一张图。他说红颜色的女性比男性大,蓝颜色的男性比较大,所以并不是一面倒的。

----

① 　Witelson & Pallie 1973.

3.5　Sapir、Whorf 与语言相对论

Edward Sapir 是 20 世纪非常伟大的语言学家,他写过这样一段话:

> "语言学家时常被指控无法跳脱研究主题的优美模式,这样的指控并不为过,所以这些人必须意识到,他们的语言科学所探讨的结果,应该也适用于对人类一般行为的诠释。"①

我们语言学家一定要跨越眼前一些好玩的句子,不能够老坐在书桌后头拿句子做游戏,应当把我们对语言的了解,跟人的种种其他行为联上关系。比方到田野里去,学习新的语言,到课堂上去看教语言有什么样的困难,到医院里去看失语症到底是怎么一回事,到公司里去看他们那些电脑翻译、语音识别,做得成功不成功,若不成功问题在哪里等等,有很多语言研究跟一些社会方面的现象能够联系起来。Sapir 在同一篇文章里,还讲了几句大家经常会注意的话。real world(真实世界)到底是什么东西? 有没有个大家共享的真实世界? 他的说法是"不同社会所处的世界都是不同的世界……"也就是你的世界跟他的世界是两个不同的世界,"而非仅仅是贴上了不同标签的同一个世界",不只是给它的词不同。他说"我们社群的语言习惯已为我们预先提供了特定的诠释法,所以我们所见、所闻,甚至所经历的才会是这个面貌",就是我们的世界,是我们的语言让我们了解的世界。这句话最近又被 Kay & Kempton 提了一下,他们的这篇文章叫做 *What Is the Sapir-Whorf*

---

① "It is peculiarly important that linguists, who are often accused, and accused justly, of failure to look **beyond** pretty patterns of their subject matter, should become aware of what their science may mean for the interpretation of human conduct in general."Sapir (1929:214).

Hypothesis?，① Sapir-Whorf 假说是在语言学界非常有名的一个理论。
Whorf 是 Sapir 的学生，有时候这个理论也叫 Whorf Hypothesis，或叫语
言相对论。②

Edward Sapir (1884—1939)肖像　　Benjamin L.Whorf (1897—1941)肖像

图 68　语言相对论假说的两位提出者

　　法国的 François Jacob 是位诺贝尔奖得主，他是个遗传学家。几
十年后他讲的一番话跟 Sapir 所说的差不多完全一样。他说"我们都
用自己的词汇和语句来塑造'现实'，就如我们也靠视觉和听觉来塑
造它"。③ 他说现实世界当然是眼睛看进来的，耳朵听进来的。但是同
时也因为我们的语言，让我们了解了这个现实是什么样子的。这就是
Sapir-Whorf Hypothesis。

---

①　"The worlds in which different societies live are distinct worlds, not merely the same
world with different labels attached... We see and hear and otherwise experience very largely as we
do because the language habits of our community predispose certain choices of interpretation. "
Sapir（1929:209-210). 引自 Kay & Kempton（1984）。

②　Lucy 1992.

③　"We mold our 'reality' with our words and our sentences in the same way as we mold
it with our vision and our hearing. "Jacob（1982:58).

　　不过单这么讲，到底该不该相信？拿出什么证据来？几十年了大家都喜欢这么讲，我觉得现在我们也许一小步一小步可以找出证据来，而且要在大脑里找。比方你到健身房去练这个、练那个。你的身体会改变，这里会长肌肉，那里会变结实等等。同理你从一生下来就说话，你说的那些话让你的神经元也在长，让你的突触也在长，你的大脑也在改变，所以运动的时候塑造肌肉，在做种种头脑工作的时候，也在塑造头脑。因此 Whorf Hypothesis 如果换个角度看，是语言怎么样影响大脑，然后从语言在大脑上的影响来了解行为，这样子慢慢地就可以成为一门很重要的研究人的学科。

　　换句话说，不同的语言影响会塑造出不同的大脑，不同的大脑就会有不同的感觉，那么不同的感觉就会产生出不同的行为，然后一代一代地传递下去。

　　现在我们来举几个例子：彩图 69 是电磁波的一部分，这一部分对我们特别重要，因为我们看得见，而且知道它的颜色，图上面是它的频率，底下是它的波长，从左边的颜色慢慢过来到右边，请问这里到底有多少个颜色？这不是个好问题是不是？因为这是个连续的现象，世界上有很多连续的现象，可是因为我们有语言，就把一个连续的现象切开来，变成一种数码的现象，分成了不同的类别。这是颜色，举另外一个例子，从[i]到[u]一共有几个元音呢？同样的问题，它是连续的。可是你说什么语言就能够听到多少个元音。汉语里没有[i]和[I]的辨词作用，所以听外国人讲英语时，说汉语者不容易分清楚 peel 和 pill 的区别，就连自己说英语时，两个字的发音也可能含混不清。同样，你的语言里有多少个颜色词，就很容易看到有多少个颜色。举个例子，彩图 70 那四个颜色让各位看的话，你们大概会说是同一个颜色，但是在韩国话里，是两个不同的颜色。一个是 yeondu，一个是 chorok。[①]

――――――――――

　　① 　Roberson, Pak & Hanley 2008.

而彩图 71 中的颜色你大概会说是蓝,你可以说深蓝、浅蓝等等,不过基本是蓝。但是俄语呢？一个是 siniy,一个是 goluboy。① 所以不同的语言,会让我们看到不同的颜色,这就是不同的语言文化对现实造成的不同感觉。

在香港大学有一个研究队伍,主持人是谭力海,他们有一篇很重要的文章,第一作者是萧慧婷。② 他们发现,如果你的文字是用拼音字母写,大脑会是某个样子。可是我们的汉字文化里面,看书的时候大脑也会利用别的部分。那篇文章特别强调,读汉字的时候有个部分叫 LM-FG(left middle frontal gyrus,左脑额中回),这一部分里头有一部分对汉字非常重要。如果那儿有任何损伤或失常,就会有阅读障碍(dyslexia)。他们那篇文章叫做 *Biological Abnormality of Impaired Reading Is Constrained by Culture*。

我们最近也开始注意这个问题,在研究说普通话的人跟说香港话的人,对汉字有什么不同反应,不一定不同,但如果有不同,我们希望能把差异找出来,并且解释一下。大家知道内地用的是简体字,可是香港用的是繁体字,所以我们一定要找出一些字来,是香港人用的也是内地人用的。像图 72 中两栏内左边那一行的字,在内地和香港大家都通用。

我们就把这些字改成非字,在这里少一横,在那里少一撇,在这里少一点等等。图 72 这两组字里左行都是字,右行都是非字。我们的受试者坐在一个屏幕前,电脑先会给他一个点,一个像"十"的字,我们要他盯着这个点,他的眼睛就不会老随便动。为什么一定要他盯着这个点呢？因为眼睛跟后头看见东西的神经元关系比较复杂。如果他盯着

---

① Winawer et al. 2007.

② Siok, Perfetti, Jin & Tan 2004.

这一点,那么在他右视野的东西主要是到左脑去;在他左视野的东西会
到右脑去,会到相反的地方去。所以这一点,是一种控制的手段。然后
在很短一段时间内,呈现一个符号,这个符号可能是一个字,也可能是
一个非字,或者是一个叉(×)或一个圈(○),呈现大约50毫秒,很短的
一个时间。我们告诉受试者:如果是叉的话就按右手,圈的话就按左
手,其他符号就不要管。我们发现所有受试者都能很好地辨认叉和圈。
我们为什么要做这个呢? 因为我们要知道他真的投入这个实验,不是
在想别的东西。如果他错得很厉害,我们就不要他的材料或数据。我
们并没有叫他注意字和非字的区别,他根本没有怎么样感觉到有非字
这么一个东西,所以这是完全不需要他注意的。作了几次实验后,休息
一会儿然后再来,那么重复几百次。

	Group A		Group B	
	character	non-character	character	non-character
1	舌	舌	人	人
2	牙	牙	井	开
3	心	心	水	水
4	米	米	石	石
5	冬	冬	尺	尺
6	屯	屯	月	月
7	民	民	田	田
8	式	式	豆	豆
9	史	史	女	女
10	西	西	子	子

图72 字与非字(Peng, Minett & Wang 2010:421)

很多时候受试者作完实验临走的时候,我们问他们,你看到什么别
的东西了吗? 他们说没有啊,因为时间太短了,他好像看见,又似乎没
看见的样子。所以我们就创了一个字,叫 liminal,不是 subliminal(阈下
的,潜意识的),也不是 supraliminal(阈上的,意识之上的),就在那两者

之间。

我们的发现是：讲香港话的跟讲普通话的，脑电波是不同的。这个实验没有叫受试者做别的事情，就叫他们数叉跟圈，可是香港学生跟内地学生的 liminal perception，很明显不一样。所以我们也需要解释这个东西，这篇文章已经在 *Journal of Neurolinguistics* 发表。[1] 如果我们把所有材料都放在一起，如图73a，是所有的受试者，内地来的、香港本地的都有，那看不出什么差别来。图73横轴上的0就是出现那一个字或者非字的时候，图中所示就是受试者的电波，横轴最右边标出的是600毫秒，所以依序是200、400、600。在200多、300毫秒时，大脑就反应看到字了，虽然我们没有叫受试者看字，他们也不知道看的是什么东西，因为非常快，可是的确在大脑里起了反应。而且如果是真的字，反应就大一点；如果是非字，反应就小一点。所以这么看还并不特别有意思，但是如果我们把说普通话的人跟说广东话的人分开，就会看到说广东话的人没有什么区别。字也好，非字也好，同样的反应，如图73c，可是说普通话的那些内地学生区别很明显，见图73b。所以类似这样的实验，我们可以一步一步比较深入地研究文化与感觉，跟大脑到底是个什么样的关系。

我们第一次谈到大脑的时候，就讲到大脑分两部分，其实像个核桃，如图74：一边是左大脑，一边是右大脑。当中有一串几百万个的神经元把左右大脑连起来，左大脑可以看到一套东西，右大脑可以看到一套东西，当中这些神经叫做胼胝体（corpus callosum）。由于胼胝体把这两套东西综合在一起，我们所得到的才会是一种比较统一的感觉。

---

① Peng, Minett & Wang 2010.

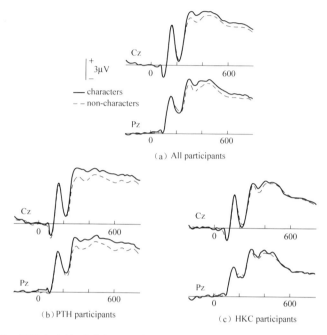

图 73　香港与内地受试者不同的脑波(Peng，Minett & Wang 2010:423)

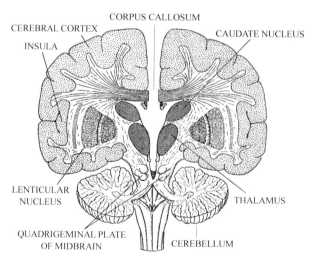

图 74　切断胼胝体后的左右大脑(Eccles 1970:75)

有一种病叫做癫痫,有时候也叫羊痫风。那很厉害,有时候会突然失去控制一下摔到地上,口鼻出沫然后很可能会伤害自己。最好当然是吃药,因为吃药也许没有太大的危险,但是有很多这种病人没有药可以医治,所以怎么办呢?有人就说也许这个病症是在一个半脑里头,如果把两个半脑分开,病的那半脑发作的时候,也许好的半脑可以控制身体。我们提到几次 Penfield,Penfield 就是开始做这种手术的人,他把胼胝体割开,割开了之后,有时候没有一个很统一的感觉。左脑是左脑,右脑是右脑。当然它们还是可以分享信息的,但是慢得多了,一定要到脑干去通信息。

我之前的图 53 上还谈到一个拿到诺贝尔奖的人,叫 Roger Sperry,Sperry 就研究这些人:左脑跟右脑割开了,他们的行为、认知、语言会怎么样。Sperry 有个学生,现在很有名的,叫 Michael Gazzaniga。Gazzaniga 在 *Scientific American* 上写过篇文章,叫做 *The Split Brain Revisited*。① 好几十年前 Sperry 就开始讨论这些病人,他们左脑跟右脑没有胼胝体连在一起会怎么样。图 75 就像我刚才给你们看的,左边是右大脑控制,右边是左大脑控制。这是 Gazzaniga 文章里报告的一个很有趣的实验:这个病人坐在桌前,桌子上放了八张图片,他前头有个屏幕,屏幕上有个点,作实验的人说你一定要看着这个点,因为当他的两个眼珠看到那个点的时候,左边的东西就只到右大脑去,右边的东西就只到左大脑去(如彩图 76)。他没有胼胝体,所以右大脑只知道一个雪景,下了很多雪,左大脑只看见一只鸡爪。然后实验者就说,你去指两张图片,因为这个雪景是到他的右大脑,他右大脑是管他的左手的,他的左手就去指一个铲子,下雪用的雪铲;可是他的左大脑所看见的是只鸡爪,而他的左大脑管的是他的右手,所以右手指的是一只鸡。然后 Gazzaniga 就

---

① Gazzaniga 1998.

问这个病人：你手指个铲子干吗？病人完全听得懂，因为语言在他的左大脑里，但是他的左大脑不知道那个雪景，因为那个雪景是在右大脑里。所以他就诌故事了，他说我要拿这个雪铲去把那个鸡屋打扫一下。有时候我们有很多部分，不同的部分有不同的功能、不同的感觉。因为一般情形之下，我们的神经系统沟通得非常好，没有什么问题，不过在这种特殊的情形下，就会造故事出来。病人并不知道自己在造故事，不知道自己的右脑看到了雪景，因此指了个铲子。

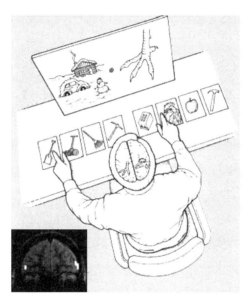

图 75　左右脑分离的癫痫病人（Gazzaniga 1998：53）

　　一般我们谈论正常人的大脑时，总是强调左右脑的功能不同，这一点可以通过双眼分看（dichoptic）和双耳分听（dichotic）的实验来证实。可是听觉的神经网络要比视觉复杂得多，因为如 Patterson 和 Johnsrude 所说："人类皮质下听觉系统的主要成分，位于从耳道延伸到颞叶中间部位上层的额切面上。在耳蜗和听觉皮质间，有四个主要的神经处理中心：耳蜗核（CN）、上橄榄复合体（SOC）、下丘（IC）以及丘脑的内侧膝状体(MGB)。其他灵长类的研究指出,这四个核中,有三个(CN、IC与MGB)是听觉处理时必经之路,会形成突触,这证实了当声音在听觉通道上行时,这四个核会对所有声音执行转化,就像耳蜗会对所有进入听觉系统的声音执行强制的频率分析。但在视觉系统中,视网膜和外侧膝状核的视觉皮质之间,只有一个突触。"①因此在左视野的影像传到右大脑、右视野的影像传到左大脑时,神经路径只交错一次,只会形成一个突触;但在左耳的声音传到右脑、右耳的声音传到左脑时,中间有三个必经的核,所以神经路径的交错比较复杂,形成的突触也较多,于是从事双耳分听所得的实验数据就比较不容易分析。

我们应当花一点工夫来说大脑的各个部分,我觉得这是一些蛮有用的基本知识。图77是一张相片,这是左大脑,我们对左大脑特别感兴趣,因为语言在那儿。左大脑有很多脑回,脑回是凸出来的,凹进去的是脑沟。有两条脑沟特别重要,一条纵向的,一条横向的,或说一条竖的,一条横的。我们可以拿这两条脑沟,划分出来大脑上的四个叶,如图78。在竖的中央沟的前面这么一大块,叫做额叶frontal lobe,我们讲过好多次Broca,Broca区就在额叶里头。中央沟的后头是顶叶parietal lobe,很多我们的方向感、空间概念,都与顶叶有特别重要的关系。外侧沟底下这么一大块,英语叫做temporal lobe,汉语叫做颞叶。所以

---

① "In humans, the principal components of the subcortical auditory system lie in a frontal plane that extends from the ear canal to the upper surface of the central portion of the temporal lobe. Between the cochlea and the auditory cortex, there are four major centers of neural processing: the cochlear nucleus (CN), the superior olivary complex (SOC), the inferior colliculus (IC), and the medial geniculate body of the thalamus (MGB). Work in other primates suggests that there are mandatory synapses for auditory processing in three of the four nuclei (CN, IC and MGB), which supports the view that these nuclei perform transformations that are applied to all sounds as they proceed up the pathway much as the cochlea performs a mandatory frequency analysis on all sounds entering the auditory system. In the visual system, there is only one synapse between the retina and visual cortex in the lateral geniculate nucleus. " Patterson & Johnsrude (2009:171).

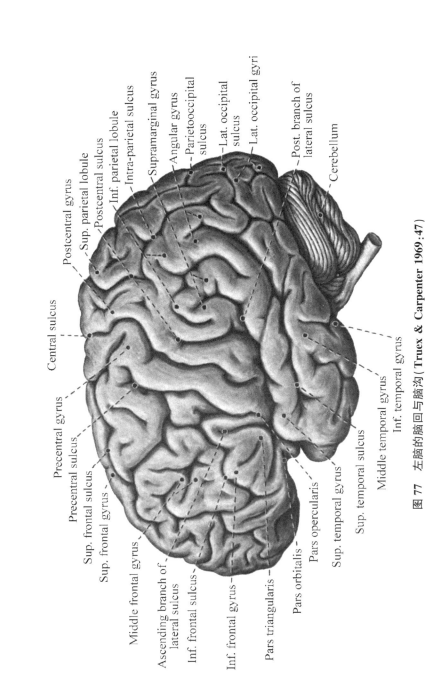

Central sulcus

Precentral gyrus
Precentral sulcus
Sup. frontal sulcus
Sup. frontal gyrus

Middle frontal gyrus
Ascending branch of lateral sulcus
Inf. frontal sulcus

Inf. frontal gyrus
Pars triangularis

Pars orbitalis
Pars opercularis
Sup. temporal gyrus
Sup. temporal sulcus

Middle temporal gyrus
Inf. temporal gyrus

Postcentral gyrus
Sup. parietal lobule
Postcentral sulcus
Inf. parietal lobule
Intra-parietal sulcus
Supramarginal gyrus
Angular gyrus
Parietooccipital sulcus
Lat. occipital sulcus
Lat. occipital gyri

Post. branch of lateral sulcus
Cerebellum

图 77　左脑的脑回与脑沟（**Truex & Carpenter 1969：47**）

有额叶、顶叶、颞叶,还有后头的这一部分叫做 occipital lobe,或者叫枕叶。图 78、79 上面为左大脑,中间是右大脑,下面是把脑对切成左右两半后所见的左大脑。Wernicke 区是在 superior temporal gyrus(颞上回,STG),颞叶上最高脑回上的这一块,听觉也在这里。视觉区是在图 79下面枕叶的距状裂(calcarine fissure)周围,也就是图 80b 的 17 区。上次我们还谈到 arcuate fasciculus 弓状束。这个我们看不见,它在里头。还有两样我们看得见的东西非常重要。就是在中央沟前头有一个脑回,图 77 写的是 precentral gyrus(中央前回),可是它的功能是控制全身的肌肉,所以中央前回有时候也叫做 motor gyrus(运动脑回),就在中央沟的前头。在中央沟的后头叫 postcentral gyrus(中央后回),跟运动脑回差不多,可是它不是运动而是感觉,所以中央后回也叫 sensory gyrus,或者叫感觉脑回。这是大脑一个很粗略的地图。

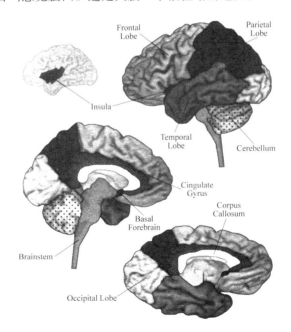

图 78　大脑的四个脑叶(Allen 2009:13)

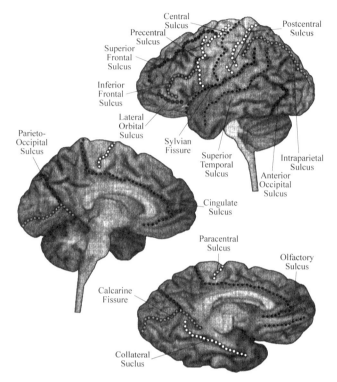

图 79　大脑的几个主要脑沟（Allen 2009：18）

　　这么讲其实太模糊了，因为很多网络比一个脑回，或一个脑叶小得多。20 世纪初，有一个德国人非常仔细地观察这些脑上的皮质，研究里边神经元的结构和形状，然后一个一个把很多区域画了出来。这个研究者的名字叫 Brodmann，他编的号码就叫做 Brodmann's area，简写为 BA。所以图 80a、b 分别是左大脑的外侧观和正中矢状面观（midsagittal view，亦即把大脑左右对切）。图左下是 BA 11，往上是 BA 10、9，Broca 区是 BA 44、45，Wernicke 区则位于 STG 的 BA22 尾端。①

――――――――――

　　①　Brodmann 分区是根据细胞结构来划分大脑皮质，但 Broca 和 Wernicke 分区则是依据大脑的功能来分区，因此有时两者并不完全对应，且神经学家对这些分区的意见也不完全一致。

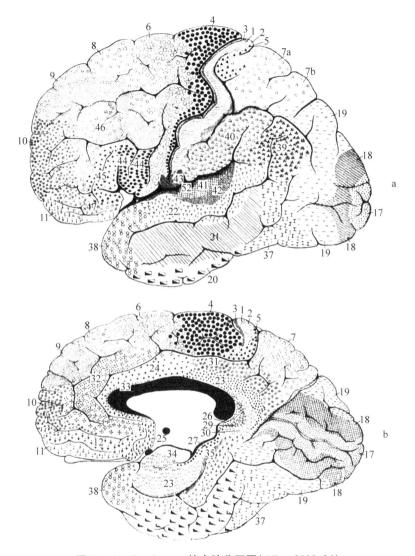

图 80a、b　Brodmann 的大脑分区图（Allen 2009：24）

　　之前我提过 20 世纪非常伟大的神经学家 Sherrington，有句话就是他说的，他说这整个神经系统就好像一个着了魔的纺织机，老是什么地方都在动，他说"the brain is like an enchanted loom"（一个着了魔的纺织机）"where millions of flashing shuttles"，就是每个神经元 "weave a dissolving pattern，always a meaningful pattern though never an abiding one；a shifting pattern of sub-patterns"，[①]这个用中文不容易翻译，但是至少我读他的英文的时候，觉得这个表达得非常美，这么复杂的东西他能够替我们描绘出这幅意象来。其实科学跟美术都是在找美，如果在学术界能够成立什么理论，而那个理论如果很美的话，很可能它就是真的。我觉得 Sherrington 这些话把大脑比喻得非常美。

　　现在我们又回到 Penfield 了。图 81a 是 Penfield 的一幅肖像，他有一张很常见的相片是在画大脑。不过 Penfield 最有名的不是他画的大脑，而是他在大脑上研究出来的功能。我们不是说过这些患了癫痫的病人，要开刀治疗？但 Penfield 不能够去随便瞎割，因为语言是非常重要的。所以他就拿一个电极在解剖开的皮质上刺激一下，这里刺激一下，那里刺激一下，如图 81b，看看大脑的这部分是干吗的，那部分是干吗的，他得出来的就是这么一个东西：刚才我们说过运动脑回跟感觉脑回，图 82 左边就是感觉脑回，右边就是运动脑回。他如果在大脑左边的"舌头"处，用很轻微的电触一下，那病人就会觉得舌头有点麻木的感觉，因为这是管他舌头的部分。如果他在右边"唇"处触一下，也许这个病人的嘴唇就会动一下。我们仔细看一下，图 82 是整个人的身体，可是是倒过来的，头在底下，腿跟脚在上头。并且有的东西比较敏感，我们控制得比较细微，所以这些东西在皮质上占的地方大，你看嘴唇占这么一大块，但是脚虽然在图中没有标出来，占的地方却比腿还大。

---

　　① Sherrington 1953.

图 81a　Penfield（1871—1976）肖像

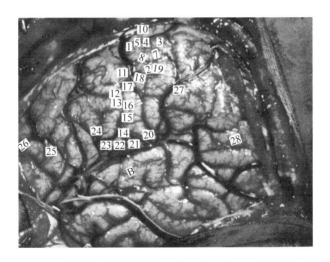

图 81b　Penfield 用电极刺激之处（Penfield & Roberts 1959：frontispiece）

　　上礼拜五有个朋友给我寄来一篇文章，非常精彩的文章。整个周末我基本就迷在那篇文章里面，因为我想读懂、了解消化了它之后来给你们讲。我不见得是完全把它消化了，我想里头一定有些地方还没有

看懂或者看错了,不过我想借这个机会给你们讲讲。因为我希望你们
能够看到,科学老是在进步的。Penfield 的研究是几十年以前作的。现
在有些新的实验,不是用电极来碰皮质,而是拿一个长的电极插到脑子
里头,插到 Broca 区里面。(可参考下一讲的图 85)这是 *Science* 2009 年
10 月 16 号出版的。① 受试的三个病人都是女的,图的第三栏是她们的
岁数,第四栏是她们开始有癫痫病的时候。我如果要很快很快地讲,一
定会讲错,所以我就先把这些图片给大家看一下,下一讲我再把它的要
点更仔细地说一下。

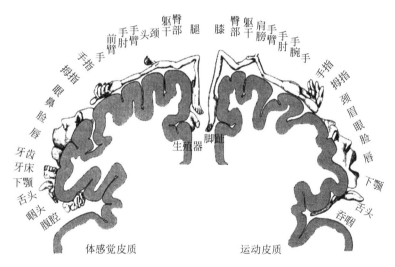

图 82　体感觉皮质与运动皮质(Geschwind 1979,转载 Wang 2008:115)

　　(下一讲)彩图 86 就是 A 病人开刀的时候大脑的相片。其中 e 小
图的上面是她的 frontal lobe,就是额叶;中间是外侧沟,就是 lateral sul-
cus;所以底下这个是她的 temporal lobe,上头是她的 frontal lobe。e 小
图中间偏左圈起来的 A、B 处,是她被插针的地方,插进去的区域,是

———————————

① 　Sahin et al. 2009.

Brodmann's areas 44、45，也就是 Broca 区，实验者给受试者一些语言的工作——认字、构词等等。这些人 Sahin 是第一个作者，他是一个博士后。很多创新的工作是要年轻人做的，我没有见过 Sahin，我想他是二三十岁；第二个作者是 Steven Pinker，Pinker 可能有人听过，他写过一本非常红的书叫 *The Language Instinct*（《语言本能》）。

3.6　高龄社会与认知退化

现在我想做的最后一件事，是很简短地介绍一个人类正面临的迫切问题，就是全球的人口老龄化。至今世界纪录最长寿的人，据说是法国的 Jeanne Calment。她生于 1875 年，1997 年过世，活到 122 岁。由于医疗及公共卫生的进步，活过 100 岁的人越来越多了，可惜的是许多高寿的长者，晚年却有几年甚至几十年都是在病床上度过的，不但不能再对社会作任何贡献，还给家人朋友以及社会带来很大的负担。

依据演化论，自然选择可以帮人类活到生育下一代，以便让你的后代继续生存下去。之后，身体、肌肉、大脑内的细胞就逐渐死去，让你的体力和脑力都越来越衰退，包括认知、记忆，当然也影响了你的语言能力。老年人还容易得种种脑退化的病，最常见的是阿尔茨海默病。阿尔茨海默病患者的大脑最明显的损伤，是神经元损失导致脑室增大及海马体严重萎缩。[①] 新闻常报道名人被诊断出脑退化了，如美国前总统里根和英国前首相撒切尔夫人。曾任香港中文大学校长、2009 年获诺贝尔物理奖的知名科学家高锟，有"光纤之父"的称号，他也是死于阿尔茨海默病，且他父亲也同样患有阿尔茨海默病。一直到今天，医学界还完全不知道怎么治疗这种病。

---

① Stix 2010；Wang 2019.

可是目前专家们都相信，阿尔茨海默病的成因和大脑里发现的两种东西有关，一种是长在神经元内的 Tau 蛋白，另一种是长在神经元外的 β 类淀粉蛋白（amyloid beta）。而且我们知道这两种东西在确诊前一二十年已经在大脑里生长，一直到后来病人才被诊断为轻度认知障碍（Mild Cognitive Impairment，MCI）。如果能尽早知道这个倾向，让长者尽早改善饮食和生活习惯，那就可以防患于未然，维持长者的精神和身体健康。

过去几年，我们在理工大学的团队一直从语言的观点来研究老年人和年轻人的大脑有什么不同，以及健康的老人和 MCI 的老人的大脑有什么不同。以我个人来说，我已经参与了四次的 MRI 扫描和两百多次的 EEG 实验。若要仔细分析这么大量的数据，当然需要不少时间，可是我们觉得这样的研究是急需做的。

目前全球的人口都在老龄化，造成许多神经退化及认知障碍的问题。语言学家也可以用先进的方法，帮助应对这个挑战，把生老病死这四个步骤中的"病"减去，让老人能健康地安享晚年。我们若能结合多学科研究做到这一点，将是非常有意义的事，对语言学、认知科学和神经学也都会是莫大的贡献。

第 四 讲

4.1　研究大脑的几种方法

上次我们最后谈到神经医生（neurosurgeon）Wilder Penfield，尤其是他 1959 年这本书，叫 *Speech and Brain Mechanisms*，非常重要的一本书。他用电极来触动脑皮质，为的是在动手术时，不伤害大脑里操作语言的区域。他如果在中央沟之前，用电极触动一个脑回，身体的不同部分就会开始动，这是运动脑回 motor gyrus。在中央沟的后头，sensory gyrus，就是感觉脑回。他用电极触大脑什么地方，身体哪个部分就会有感觉。而且上次我们也看到，身体在（上一讲）图 82 中基本是倒过来的。所以舌头、嘴唇比较低，而腿、膝盖、脚比较高。这都是 Penfield 最先给我们研究出来的一些基本知识，然后 Geschwind 才依此绘成图 82。

Penfield 也同时用他的电极触别的地方。比方他会触额叶、颞叶、顶叶等地方。因为那个时候我们了解得非常少，所以他就触了一下看有什么反应。他在头脑上用电极触过的每个地方都放一块小纸，然后依据小纸的位置把各处的反应记录下来,推测出皮质的哪个位置有什么功能,所以非常粗,见(上一讲)图 81b。比方他触一个地方,这时给病人一张图片,问他这是什么东西,病人一下子说不出来。有的时候问他这是什么东西,他拼命想,但是在脑海里找不到恰当的词。比方给病人一张蝴蝶的图片,在脑海里找不到"蝴蝶"这个词,他会说"飞蛾"(*I could not find "butterfly", so I had to say "moth"*)。或者给他一张图片,上面是一个护士,他找不到 nurse 这个词,会说 doctor。Penfield 把这些东西都记录下来了,这是一个非常好的开始。他的这种方法,叫 electrical brain stimulation(脑电刺激),基本是他开始的。①

　　我今天会提到两种非常有用的仪器,一种叫做 EEG, electroencephalograph,另外一种叫做 MRI, magnetic resonance imaging。EEG 的设备,有的只有一二十个电极,有的可能有一百多个电极。电极出来的一些信息,可以通过电脑上的统计分析,知道大脑每一部分的电压怎么样。MRI 就复杂得多,MRI 的机器没多少人买得起,所以如果要作这种研究,要么到医院去,要么跟很多人合作,把钱凑在一起,合买一台机器。

4.2　MRI 与语言习得

　　很早就用 MRI 作语言研究的,是在纽约的一个研究团组,有个人叫 K. H. S. Kim。② 用的方法叫做 functional MRI,也就是 fMRI。他请了好多不同的双语受试者,有的母语是英语,有的母语是法语,有的母语是日语,他们学第二语言的时候,有的学韩语,有的学土耳其语,总是

---

① Penfield & Perot 1963.
② Kim et al. 1997. 最近也有些人不同意 Kim 等的研究结果,如 Hull & Vaid 2007。

有两种语言。Kim 跟这些受试者约好,希望他们在 MRI 机器里头作实验的时候,不要讲出声来,但是要在脑海里想一段话,想他们昨天做了什么事情。彩图 83a 是一位受试者的大脑,左边标了 R 是右大脑,右边才是左大脑,大脑前头主要跟语音有关,后头是听语义的。在彩图 83a 上,我们看到这个人的母语是英语,他学的第二种语言是法语,英语是红色,法语是黄色,差不了多少,所以这两个颜色都有相同的橘色这部分,这就说明这个人在想他昨天做了什么事情时,用英语或法语想没有什么大的差别。

他请这些受试者的时候,还记了另外一个信息,就是他们学第二种语言的时候多大,有的小时候在家里很早就学到第二语言,但是有的等到念大学的时候,才开始学第二种语言,这一点就非常有趣。如果年纪很小的时候,两种语言就都有了,大脑前面发音的地方,基本上像彩图 83a,两种语言是在一起的。可是如果学第二种语言时年纪比较大了,比方,大学生了,那么两种语言在大脑激活的区域就分开了,如彩图 83b 和 83c。

这方面,他有很多有趣的发现,就是如果年纪比较大的时候才学第二种语言,大脑后头管语义的,基本上没有什么很大的差别,但是大脑前头,活化的区域都是比较分开的,因为这些人学第二语言的时候,年纪已经比较大了。这就说明,讲关键年龄的时候,不能够把语言当做很单纯的一样东西,因为有时候,语言的某一部分学得很好,另一部分却学得很差,那么关键年龄是不一样的。我们大家大概都认识某些人,写英文写得非常美,但是一开口说话的时候,就知道他们英语学得很晚。我在第一讲里说过,美国有个非常有名的语言学家 Roman Jakobson,他能够写很多不同的文章,用很多不同的语言写很美的文章,甚至会作诗,可是他一张开口说话,就完全像俄语。

Yue Wang et al. 也用 fMRI 来研究,当外国人学声调的时候,大脑会有什么样的变化。[1] 受试者是大学生，都念了一个学期的汉语。外国人学汉语的时候，声调往往是很难学好的。所以她把这 6 个学生叫来上了两个礼拜的补习班，说是两个礼拜，其实加在一起只有 5 个小时。她把这 6 个学生的大脑，用 fMRI 在补习之前扫描了一下，补习之后又扫描了一下，她发现，上过两个礼拜补习班之后，他们辨别声调的能力的确好得多了。但更有意思的是，他们的大脑也变了。比方，有个受试者叫做 KD，彩图 84a 是他的左大脑，上面是补习之前，下面是补习之后，这些是不同的扫描片，最左边是离大脑中心 8 毫米，中间是 12 毫米，右边是 16 毫米，不过故事总是一样的，受过训练之后，大脑活化的区域从上面这么一点长到下面这么大。

彩图 84b 是 6 个受试者加在一起，这跟刚才的故事基本是一样的，但就比较复杂一点。同时他们也扫描了一个母语是汉语的人，当辨别声调的时候，不只是那几个地方亮起来，而是整个大脑都亮了起来。这就表示他听到一个字的时候，并不只是在听声调而已，他会听那个词，从那个词联想到很多别的东西。彩图 84c 就是刚才我们说的，是个说汉语者的大脑相片。

4.3　大脑与英语语法

这几十年来，我们对于脑皮质认识得多了。有很多学报专门刊登研究脑皮质的文章，有一个学报就叫 *Cortex*，就是脑皮质。比方 2006 年有一期专门是研究 Broca 区的，在这一期里头有 25 篇文章，很多国际知名学者的文章，有的是意大利的，比方 Luciano Fadiga，[2]他就是发

---

[1]　Wang et al. 2003.

[2]　Fadiga & Craighero 2006.

现镜像神经系统的其中一人。Marco Iacoboni 也是意大利的，[1]Yosef
Grodzinsky 是以色列的，[2]Angela Friederici 名字是像意大利名字，可是
她在 Leipzig，在 Max-Planck Institute。[3] 这只是 25 篇当中的几篇，都是
讲 Broca 区，可以叫 Broca's region 或 Broca's area。上次我们最后谈到
的那篇文章就是 Sahin 的，Sahin 在 2006 年已经开始作这种实验，他那
篇文章就叫 *Abstract Grammatical Processing of Nouns and Verbs in Broca's
Area*，2009 年他又继续这个实验。[4] 他那个时候用的工具是 fMRI。他
的实验就是，前头给一个短句，比方他说 Yesterday they，然后休息一下，
来了一个词。Yesterday they，如果动词是 fight，受试者一定要把它变成
fought，因为一定要变成过去式，然后在这一段时间，他就量受试者脑皮
质的种种动作。给的词有动词，也有名词，动词里头有的是规则的，有
的是不规则的。比方 fade 是规则的，fight 就是不规则的，因为 fade 的
过去式是 faded，只需要加一个后缀-d，fight 的过去式是 fought，需要换
元音。同时名词也有规则的跟不规则的，比如像 fort，复数只需要加后
缀-s，是规则的，也有 foot，foot 是不规则的，需要换元音。

Patient	Sex	Age	Seizure Onset Age	fMRI Performed?	Testing Day	Completed Runs（of 9）
A	F	41	14	Yes	13	6
B	F	51	18	No	16	9
C	F	38	5	Yes	4	7

图85　三位受试者的个人资料（Sahin et al. 2009:SOM1）

他的实验基本是这样一个设计，然后他就用 fMRI 取到了很多材

[1]　Iacoboni & Wilson 2006.

[2]　Grodzinsky 2006.

[3]　Friederici 2006.

[4]　Sahin, Pinker & Halgren 2006; Sahin et al. 2009.

料。彩图 86 的小图 b、c 分别代表病人 A 与病人 C 的头脑,小图 a 是 18 个受试者的头脑合并在一起取的平均值。他们发现,有的区域有很大的活动,很多血液从心脏进入脑。MRI 最大的特点就是它在空间上很准,但是在时间上很不准,很差,有时候能够差几秒。所以 Sahin 他们有了这个办法之后,就希望能够在时间上也有所了解。上次我们就看到了,恰好来了三个病人,这些病人都同意作这些实验。图 85 中这三个病人 A、B、C 都是女的,表内有她们的年龄,都是患癫痫病的。所以医生就把她们大脑的一部分打开,我们可以看见,彩图 86 的小图 e 中间是病人 A 的外侧沟。在外侧沟上面是额叶,下面是颞叶。颞叶有 Wernicke 区,额叶有 Broca 区,BA 44、45。那么 Wernicke's area 大约是在它右下方。e 小图中虚线圈起来的 A、B,是两个电极插进脑皮质的地方,i 小图是一些 contact areas,中间横线上的小圈,代表所插的电极接触脑皮质的点,也就是有 contact 之处,能够有五六个、七八个不同的 contacts。

他用的这个实验基本是像我刚才跟大家说的,病人要做三样事情,她们事先不知道需要做哪一样。比方如果第一个幻灯片说 repeat word,那个词是 walk,受试者就不需要做什么别的,只需默念 walk,不能出声音,出声音肌肉一动,它的电压就比脑的电压大得多,那个材料就不好用了。所以在幻灯片提示 repeat word 的时候,病人不需要知道哪个词是什么词类,也不需要作任何屈折变化。但是如果提示句是 Everyday they,那受试者一定知道后面要接动词了,但是这个动词不需要加任何后缀。所以需要知道词是哪个词类,需要给它归类,可是不需要作任何屈折。第三种就是一定要有变化,要有屈折,要把词形变一下,如 Yesterday they 后面要接 walked,所以又需要知道怎么样归类,又需要知道它归类之后应当怎么样变。

所以这三种不同的语言能力,在时间上分得开。很有意思的发现,我觉得这是他们的成就。第一,当你看到目标词的时候,比方目标词可能是 walk,可能是 rock,可能是 fade,可能是 fight,有两三百个这样的词。看到目标词的时候,200 毫秒之后,好像就已经在脑海里找到那个词了。还没有给它归类,还没有给它变形。但是 200 毫秒之后有一个很明显的脑电波,所以这个是 MRI 做不到的。而且它这么准,因为能够把电极插到皮质里头。我们怎么知道病人找到词了呢? 有一个证据就是词跟词的频率不一样。有的词使用频率很低,很少用,有的词频率很高,经常用。所以分为 common word 跟 rare word,彩图 87a 里就有 lexical frequency(词频)。如果是罕见的,词频很低,很少见的那种词,rare word,病人的脑波就高得多。如果是很常用的词,脑波就很低。所以受试者一定是找到词了,因为有这种 correlation。

词的频率不一样,词的长短也不一样。有的词一个音节,有的词两个音节,他们的材料里头有三个音节、四个音节的词。词有长短,长的当然是语音上比较复杂了。词的长短不影响这个 200 毫秒的时间,因为受试者找到词了,不管说出来时多困难。所以在 200 毫秒的时候,只是跟词的频率有关系。然后在 320,彩图 87 第一个小图 a 是在 200,第二个小图 b 是在 320 毫秒。320 毫秒又有一个高峰,这是给词归类了。那个时候就需要知道这个是名词还是动词。所以要给词归类的时候,比单默念的时候电压还要高。最后一个小图 c,大概是在 450 毫秒之后,就是差不多半秒钟之后又来一个波,这个波是因为病人发音了,就跟词的长短有关系了。动词也好,名词也好,如果是三四个音节的话,一定比单音节的词电波要高得多。这就是说我们在利用我们的大脑,好像在练习那个词。那个词在音系上越复杂,我们大脑就越多出力,多出一点力的时候脑波就高一点。我觉得这是一个蛮了不起的新发现。以前都是在空间上,这是在时间上,而且时间上基本是在同一个区域,都是在 Broca 区里头所得到的成就。发像 complexity 这样三四个音节

的词,脑波就比发只有一个音节的词要高,所以脑波高低肯定跟发音的
难易度有关系。还有一点比较有意思,我们现在还不知道怎么解释它。
这个实验用了动词,又用了名词。以前讨论动词跟名词的时候,我们讲
过好多次,很多人在学报上也讲过,动词跟名词在大脑里很不一样。尤
其是动词偏向前大脑,名词倾向后大脑。但这个实验里头,没有显出
名词与动词的区别。请看图 87b 又是名词,又是动词,动词是红的,
名词是黑的,基本是一样的,而且三个不同的病人的脑波都是一样
的。这些作者也不知道怎么解释这个现象。但是他们说,不是这一
个实验就能够推翻以前好多人的说法,不过他们得到了这个结果,当
然要报告出来。①

　　这是他们的结论。他们说:Neighboring probes within Broca's area
revealed distinct neuronal activity for lexical(词汇) grammatical(语法)
and phonological processing,就是 200、320、450 毫秒分别代表大脑开始
进行词汇、语法、语音加工的时间,identically for nouns and verbs,但是
名词动词反应相同不知道怎么解释。然后他们说:This suggests that a
linguistic processing sequence predicted on computational grounds is imple-
mented in the brain in fine-grained spatiotemporally patterned activity (Sa-
hin et al. 2009:445)。这是他们的结论,我觉得挺有意义,并且蛮负责任
的。有的东西他们发现了,大家都认为这个很合理;有的东西他们发现
了,大家不知道怎么解释,他们还是报告了出来。*Science* 有一个值得模
仿的地方,就是若有一篇特别有意思的文章,除了刊登那篇文章,他
们还会请别的专家来写评论。所以在这一期 *Science* 里头,他们找到两
个荷兰人,也是很有名的专家,一个叫 Peter Hagoort,一个叫 Willem
Levelt,他们在这方面作了很多研究。他们短短的评论叫 *The Speaking*

---

① Crepaldi et al. (2011)有更新的讨论。

Brain(说话的大脑),①在这篇短文里头又把刚才得到的结论重新讨论了一下。一开始在脑海里找词,然后要把词归类,最后要练习这个词应当怎么说。他们的目标是研究构词,人的大脑怎么样来处理语言的构词。

4.4　构词的多样性

Sahin 等用的是英语,这是一个局限,因为英语里头没有很多构词,只是 walk、walks、rock、rocks 很简单。别的语言就比较复杂,比方意大利语。我们先谈意大利语法的名词,除了有单数跟复数之外,还有阴性跟阳性的区别。所以一个男孩叫做 ragazz*o*,是一个阳性单数后缀-o,复数是 ragazz*i*。如果是一个女孩,同一个词根 ragazz*a*,复数是 ragazz*e*。意大利语里头要经常用冠词 article,像英语的 the。所以 ragazz*o* 是 il,il ragazz*o* 是 the boy,l*a* ragazz*a*,*i* ragazz*i*,l*e* ragazz*e*,这个就比英语复杂得多。

但是当然还有更复杂的,比方俄语就比这个更复杂。俄语的名词除了阴性与阳性之外,还有中性,除了单数跟复数之外,还有一个 dual(双数)。比方要用俄语说"我有一本书",就是 У меня есть одна книга。② меня 就是"我",这个就跟英语的 my 和 mine 同源。У меня есть…"在我这儿存有一本"(at me there is…),книг*а* 书。книг-是词根,就像 ragazz-是词根。但是因为这是阴性单数所以是-a,跟很多欧洲语言的语法一样。如果我有很多书,比方我有五本书,那么就说 пять книг,后头就没有词缀了。除了这两个之外,还有一个双数词缀-и,是

---

① Hagoort & Levelt 2009.

② 俄语用的拼音文字叫做西里尔文字 Cyrillic alphabet,是传教士 9 世纪时发明的,有几个斯拉夫语言使用。

数目二、三、四要用的，比方三是 три，三本书就是 три книги，这时又不一样了，所以有单数、双数、多数。同时俄语不只是有两个性别，而是有三个性别，有阴性、阳性还有一个中性。比方 книга 是一本书（阴性），一支铅笔是 карандаш（阳性），一件大衣叫 пальто（中性）。所以不是两个性别，而是有三个性别，跟这三个性别邻近的词都是要改变词缀的。所以英语跟这个比起来简单得多。

	masc.	*fem.*
sing.	ragazz-o	ragazz-a
plur.	ragazz-i	ragazz-e

У меня есть

одна	книг-a	sing 单数
три	книг-и	dual 双数
пять	книг	plural 多数

图 88　意大利语和俄语的名词屈折

其实英语、意大利语、俄语都是印欧语系里的西部语言，分别是日耳曼语族、拉丁语族、斯拉夫语族，两三千年以前它们基本是一个语言。有很多别的语言比这些更复杂。比方非洲，尤其是东非，有一大语系叫做班图（Bantu），班图里头有个语言叫 Swahili，班图语使用者中说这种话的人口最多，分布也最广。刚才我们看到俄语名词分三类：阴、阳、中性。Swahili 里头至少有六类，有些别的班图语言，有十几类。那么这些名词类是怎样的呢？就像别的语言里面的性别、数目，跟名词邻近的一些词都得跟着名词屈折变形。我在此只举两个类别的例子，比方在 Swahili 里，人是 tu，就是语言名称"Bantu"里的 tu。tu 是第一个类别的名词。zuri 是"好"，moja 是"一"，le 是"那个"，就是 that 的意思，meanguka 是"摔倒了"，所以当我们要讲"人"的时候，而且是单数的"人"，只有一个人,我们知道它是第一个类别,然后一大串词缀都得出来。图89 中画线部分是词缀,所以你要说"一个好人摔倒了",一定要说 **M**tu **m**zuri **m**moja **yu**le **a**meanguka。这句里的五个词都要有自己的前缀: m... m... m... yu... a,第一个类别规定的。如果是多数的呢? 就不是 m 了,而是 wa,wa... wa... wa... wa... wa,所以就变成 **Wa**tu **wa**zuri **wa**wili **wa**le **wa**meanguka。这个不是很难学吗? 多年前我在书里看到这个现象的时候,就马上去找会说 Swahili 的人,我问他们真的是这样子吗? 不可想象语言会是这个样子。再看另一例:kapu 是"篮子",它是第四个类别,不是阴、阳、中性三种可能,而是有一、二、三、四、五、六个可能,在 Swahili 中第四个类别单数的前缀是 ki,所以 **Ki**kapu **ki**zuri **ki**moja **ki**le **ki**meanguka. 但是它的复数前缀是 vi,所以是 **Vi**kapu **vi**zuri **vi**wili **vi**le **vi**meanguka. 我们为了了解人类的语言而作实验的时候,一定要考虑到世界上有六七千种不同的语言,有很多不同的语法结构,因此不能老是只看英语,英语只是七千种语言中的一种。

Class	1	noun		
Mtu	**m**zuri	**m**moja	**yu**le	**a**meanguka.
person	*good*	*one*	*that*	*fell down*
Watu	**wa**zuri	**wa**wili	**wa**le	**wa**meanguka.
Class	4	noun		
Kikapu	**ki**zuri	**ki**moja	**ki**le	**ki**meanguka.
basket	*good*	*one*	*that*	*fell down*
Vikapu	**vi**zuri	**vi**wili	**vi**le	**vi**meanguka.

图 89 非洲 Swahili 中的前缀系统

刚才讲的都是名词,动词也可能非常复杂,举一个例子。图 90 是意大利语里的动词 camminare。英语只有 walk、walks、walked、walking 四个不同的形态。这里已经有十二个,这还只是一小部分。我有一本书叫《201 个意大利动词》,每一页都是一个不同的动词,那么一页有时候好几十个不同的形。比方如果是说"我走",是 cammin*o*;"你走",单数的你是 cammin*i*;"他走",是 cammin*a*。"我们走"是 cammin*iamo*;"你们走"复数,cammin*ate*。如果要讲未来式,除了要换后缀 *ò*,还要加个 er 在当中,所以第一人称单数是 cammin*erò*。

camminare = to walk

Present indicative	1ps	cammin*o*	1pp	cammin*iamo*
	2ps	cammin*i*	2pp	cammin*ate*
	3ps	cammin*a*	3pp	cammin*ano*
Future	1ps	cammin*erò*	1pp	cammin*eremo*
	2ps	cammin*erai*	2pp	cammin*erete*
	3ps	cammin*erà*	3pp	cammin*eranno*

图 90　意大利语的动词屈折

可是我们汉语就简单得多了,基本上没有什么屈折的。构词一般分两类,一类是屈折 inflection,第二类是衍生 derivation,汉语的构词大多是在 derivation 上的。像"子"是一个后词缀,"孩子"。"老"是一个前词缀,"老鼠"。还有很多别的办法,比方用相反的词,或用重叠,重叠的时候如果本来就是多音节的词,还是可以重叠。如果是形容词,有"高高兴兴",如果是动词,有"研究研究",所以动词是不一样的。近年来研究语言与大脑有很多精彩的成就,比如今天我们谈的 Sahin 就是其中之一。可惜这些研究的对象,绝大部分都是英语等西方语言。可是人类目前有好几千种语言,我们应当同时也多研究一些其他结构不同的语言,进一步了解语言是怎样影响大脑的。像汉语的意音文字,logo-syllabic,一部分是表达语义,一部分是表达语音。而且它表达的语音不是一个音段,而是整个音节。所以我们可以叫它 logo-syllabic,跟一般欧美语言的拼音文字 alphabetic 基本不同。Dehaene 写过一本书,叫 *Reading in the Brain*,但主要是针对拼音字母,不包括汉字 sinogram 在里头。汉字跟拼音字母一定有很多相同的地方,也一定有很多不同的地方,①我们应当把这些异同研究出来。汉语的语法尤其是构词法也很不一样,这刚才我们讲过了。

4.5　声调与大脑

音系上最大的差别是汉语的声调。1973 年,我在 *Scientific American* 里头写过一篇文章,那个时候我有一个很小的 PDP-11,很原始的电脑,但我还是用它把声调画出来了。图 91 是很早的一个基频图,代表声带抖动的频率,所以我们叫它基频,有时候也叫 f0。这是我自己说的声音,由上到下是"骂"、"麻"、"妈"、"马"。所以纵轴是频率,横轴是时间。有很多人以为汉语一直是有声调的,我想大概不是。汉语的声调可能是两三千年以前开始产生的。两三千年以前,汉语的音节跟现在的音节很不一样,是有辅音串的。现在无论我们研究哪个方言,闽语也好,湘语也好,粤语也好,已经都没有辅音串了。

很多语言里头都有辅音串,比方英语里头 spring,s-p-r 是一个辅音串,三个辅音,像这种东西,汉语方言里现在都没有了。但是很可能上古汉语是有的,我们不能够充分地讨论这个,不过从一些字的声旁可以看出原有辅音串消失的痕迹,比方 "京" 和"凉",单独这个字是念"京",加了部首是念"凉"。而且我们知道北京话的"京"在很多别的方言里面是 k,比方广东话是 king,"北京"是 pak king,所以其实是反映了以前的 k-l 辅音串,"裸"和"果"也是一样的情况。"庞"跟"龙"基本是个 p-l 串,"绿"和"剥"又是个例子。这类的辅音串很多别的语言有,所以很可能古汉语也有。因为古汉语这些辅音串消失了,不知道为什么消失,消失了之后,很多音节如果没有办法区别的话,就变成同音字了。

---

① 　Wang & Tsai 2011.

为了适应这个变化,声调就有区别了,所以汉语不是一直都有声调的。
声调起源大概不会太早,而且还老是在变。

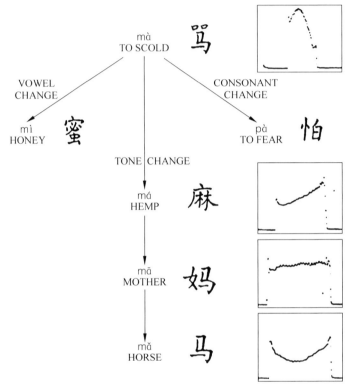

图 91　普通话的四声(Wang 1973:58)

　　比方《江雪》这首诗,柳宗元的"千山鸟飞绝","绝、灭、雪",是三个
不同的调,怎么能够押韵呢? 因为在唐朝的汉语里它们是同一个声调,
它们是入声。现在"绝、灭、雪",在北京话里头看不到以前它们音节后
头的那个辅音。但是广东话里,这三个字都保留了-t,如图 92a 里的第
三列,Jyutping 就是"粤拼",用来拼写广东话的。我们这些汉字借到别
的语言里头,别的语言是比较保守的。借到日本话里头,"绝"是 zetsu,
"灭"是 metsu,"雪"是 setsu。本来是个 t,但是因为后来日本话内部的

音变,t 后头加了一个元音,那个元音把这个 t 变成了 ts,在韩国话里头 t 却很整齐地变为 l,所以这就给了我们一个很好的证据。图 92b 的左边是日语里借词的读法。可是汉语的句法跟日语的句法是很不一样的。尤其是动词的位置,在汉语里是在句中,在日语里是在句尾。所以《江雪》还有一种读法,用了几个日语原有的词,如把第一句的"鸟"读为 tori,把这首诗变成日语的句法。同样地,第四句的"钓"也读为 tsu-ru,把这个动词从句中移到句尾去了。①

	BJ Pinyin	HK Jyutping	Japanese Kana	Korean Hangul
绝	jue2	zyut	ぜつ zetsu	절 jeol
灭	mie4	mit	めつ metsu	멸 myeol
雪	xue3	syut	せつ setsu	설 seol

图 92a　柳宗元《江雪》一诗的三个入声韵

千山鳥飛絶 sen zan chou hi zetsu	千山 鳥飛 ぶこと絶え sen zan tori tobu koto tae
萬徑人蹤滅 ban kei jin shou metsu	万径 人蹤滅す ban kei jin shou messu
孤舟簑笠翁 ko shuu sa ryuu ou	孤舟 簑笠の翁 ko shuu sa ryuu no ou
獨釣寒江雪 doku chou kan kou setsu	独り寒江の雪に釣る hitori kankou no yukini tsuru

图 92b　《江雪》在日语里的两种读法［日语翻译取自目加田诚(1979∶102)］

　　活的语言总是在变的,声调当然也是如此。不只是上古没有声调,中古时候的声调现在在不同的方言里也都有不同的结构。郑锦全跟我

---

①　感谢陈家豪先生与我讨论《江雪》的日语读法。

写过一篇文章。我们先把袁家骅、王福堂等几位北大老师编的《汉语方音字汇》材料放在电脑上,这个资料库叫做 Dictionary on Computer,就是 DOC,①然后看这一两千个词现在在不同的方言里头有什么样的声调系统。② 图 93 最上面一行是北京话,然后依序是济南、西安、汉口、成都、太原、扬州等一共 17 个方言点。从这些方言点我们可以发现,现在还不知道为什么南方的方言声调系统最复杂。比方在图 93 里,声调最多的是广州。你看广州,共有 9 个调,可是这 9 个调当中有一个很大的区别,就是 3 个小的都是入声,最后有个辅音尾 p、t、k,把那些去掉之后还剩 6 个长调。

　　彭刚把大量的数据用电脑分析了一下,③他的材料跟别人的有点不一样。因为别人都是在实验室里很小心、很清楚地说"妈、麻、马"。他的材料就是一般比较自然的话语,几十个人,几百个句子,电脑把它们分出来,然后画出这些声调。彩图 94 上边是普通话,上面 T1 是阴平第一调,里头的每一点是一个人,每个人又说一两百次那个调。所以这是量非常大的材料压缩在一起的图片。右边 T2 是阳平第二调。左下 T3 是第三调,左上 T4 是第四调,T0 是轻声。比方"孩子",那个"子"是轻声的,"外头"那个"头"是个轻声。图下边是广东话,阴平、阳平、阴上、阳上等等。这个不大容易看清楚,因为那些短的音,也就是入声,后头有 p、t、k 的,它们也混在里头。要是我们把那些 p、t、k 拿掉,就会看得清楚一点。另一张彩图 95 没有轻声,也没有那些短的入声。我们可以看到,普通话里面的四个声调,分布得很好。每个声调跟别的都离得远远的,讲起来就听得清楚。可是广东话里,如香港的广东话里头所有声调都挤在一起,所以这个系统就很不稳定。我想几十年、一两代之

---

① Cheng 1994.
② Wang & Cheng 1987.
③ Peng 2006.

内,广东话的声调一定有很大的变化。这个变化其实现在就看得到,因为阴上(T2)跟阳上(T5)已经开始合并了,很多年轻人就不分了,同时阴去(T3)跟阳去(T6)也在合并。所以语言是一个非常活的东西,只要有人说,它就会变。既然有那么多不同的声调,我们怎么样来把它们整理一下呢?

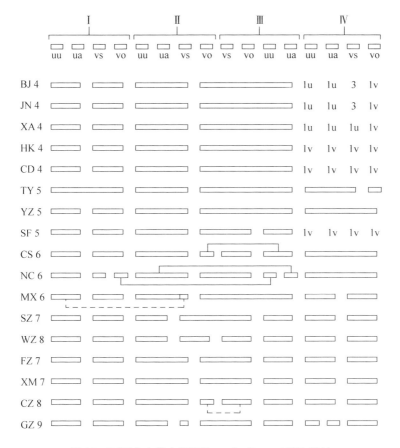

图93　不同方言的声调(Wang & Cheng 1987:521)

大家也许还记得我说过,有个伟大的俄国语言学家叫 Jakobson,Jakobson 就说我们有的,不是音段,而是 features。有种种不同的 features，叫辨义成分，或区别特征。我把那个时候所看到的声调系统画了一张特征图，那篇文章是 1967 年的，就叫 *Phonological Features of Tone*。[1] 我基本是用赵元任先生的建议，他说我们讲这些声调，不需要很多，5 个音高就够了。所以第一个如果是很高的话，就是 55。像图 96 第一个调就是 55，第五个调就是 33，我们收集了五六百个不同的声调系统，但只用了 7 个特征来描述，不需要更多。不过我们不能只用赵先生的初步标法，因为赵先生的系统中如果有个调是 313，如第十一调是 313，有 3 个部位，那么 5×5×5 是 125 个声调，就太复杂了，一个语言不可能有 125 个声调。也许我们只需要这么 7 个特征，来表达 13 个不同的调型，图 96 左边是不同的特征。有一个特征我叫做 contour tone，不是平调，是曲折调。所以前 5 个是平调，后 8 个都是曲折调。

	1	2	3	4	5	6	7	8	9	10	11	12	13
	˥	˩	˦	˨	˧	˧˥	˩˧	˥˧	˧˩	˥˧˥	˧˩˧	˧˥˧	˩˧˩
CONTOUR	–	–	–	–	–	+	+	+	+	+	+	+	+
HIGH	+	–	+	–	–	+	–	+	–	+	–	+	–
CENTRAL	–	–	+	+	+	–	–	–	–	–	–	–	–
MID	–	–	–	–	+	–	–	–	–	–	–	–	–
RISING	–	–	–	–	–	+	+	–	–	+	+	+	+
FALLING	–	–	–	–	–	–	–	+	+	+	+	+	+
CONVEX	–	–	–	–	–	–	–	–	–	–	–	+	+

图 96　声调的区别特征（Wang 1967：97）

这篇文章出来之后，很多人质疑也许不需要这么多的特征，我们真的需要曲折这个特征吗？比方降调是曲折调，有曲折特征的，不就是高低吗？升调不就是低高吗？所以他们就问：Are contour tones really just sequences of level tones?[2] 所以这是一个理论上的辩论。

---

① Wang 1967.

② Yip 2002.

我当然有很多理由觉得应该有曲折这个特征,但是一直没有时间在学报上讨论这个问题。最近有位美国学者叫 Jack Gandour,他前几个月到香港作了一个报告,很有意思。他也是研究脑波的。他用的办法叫 FFR,frequency following response(频率跟随反应)。他算出来的脑波,大家都认为是在大脑很低的一个部分开始有的活动,就是 brainstem,在脑干里头。他的实验是把两组受试者,一组是中国人,一组是美国人,让他们听不同的声调。听这些不同声调的时候,很早就在脑干上用 FFR 把他们的脑波画出来。从彩图 97 我们看得出来,中国人很顺利,他们的脑波跟着声调的频率走。图中的黑线,是听到的声音,红线是中国人的大脑很低一部分所发出来的电波,而这两个曲线基本是在一起的。可是那些美国受试者的脑波有时候就很乱。彩图 97 左上放大的部分可以看得更清楚一点,横轴是时间,纵轴是基频,红色是中国人大脑的反应,跟黑色很接近。可是绿色是美国人的,跳来跳去的。这个还不是要受试者做什么事,就让他们坐在那里听而已,所以是一种不自觉的大脑反应。Krishnan et al. 把这两种材料对比了之后,就发现并不是所有的声调外国人都跟不上,而只是曲折声调外国人跟不上。① 所以第二调跟第四调,他们得到的分数非常低,但是中国人相比就高得多。也许图 98 看得比较清楚一点,就是第一调,中国人跟美国人差得不多,第二调中国人跟美国人差很多,第三调是相当平的,也差得不多,第四调又差得很多。所以外国人所不容易听到的是我们的曲折调,因为第二调跟第四调是动得最厉害的调。所以这是一个很好的证明,我们需要曲折这个特征,否则不会有这样的不同。

---

① Krishnan et al. 2005、2008.

	Group		
Tone	Chinese	English	
T1	0. 34(0. 04)	0. 27(0. 05)	T1 = 1. 26
T2[a]	0. 60(0. 05)	0. 23(0. 04)	**T2 = 2. 61**
T3[a]	0. 52(0. 07)	0. 31(0. 09)	T3 = 1. 68
T4[a]	0. 62(0. 06)	0. 25(0. 04)	**T4 = 2. 48**

Values are expressed as *M* (*SD*).

[a]Statistically significant difference between language group in pitch-tracking accuracy.

图 98　汉英受试者的声调追踪(Krishnan et al. 2008:1099)

　　除了以这些方法研究声调,还一个办法,就是用历史的方法来分析平、上、去、入。彩图 99 这 9 个字,用广东话念起来声调都不一样,在普通话里,有很多音变,把声调从 9 个降到 4 个,所以不同的颜色在普通话里面有不同的声调,"锡、食"等入声,已经完全消失了,这就是汉语史里面的入派三声,很多全浊的上声,也变去声了。所以,现在我们只有 4 个调。黑色是第一个调,蓝色是第二调,绿色是第三调,红色是第四调。

4.6　声调与类别

　　我再讲一个我们最近作的实验,阴平就是第一调,是高平调,阳平是第二调,开始时比阴平低一点,然后上升。如"妈"、"麻",或者"衣"、"姨","衣裳"的"衣"、"姨妈"的"姨"。所以我们就用电脑合成了一大串这些声音,都是在 135 个 hertz(赫兹 Hz)结尾。可是第十一个声音是"衣",第一个声音是"姨",升得很厉害,接着是第二个、第三个、第四个、第五个……一共 11 个,相邻的两个刺激当中差 3 赫兹,这是我们用的材料,如图 100 上。我们用这些刺激让大量的受试者听,叫他们做两件事情,第一件就是听到"yi",要判断是"衣裳"的"衣",还是"姨妈"的"姨",这个叫 identification(归类),就是我给你一个音节你告诉我是哪

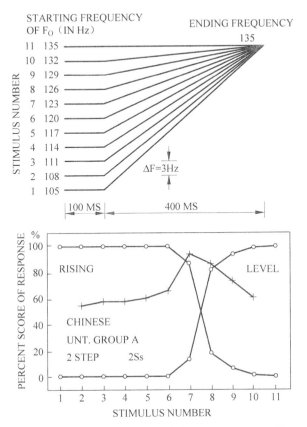

图 100　声调的类别感知（改编自 Wang 1976：69、70）

个字。第二件事是给受试者一串三个音节，比方"衣"、"姨"、"姨"，然后问他们第三个是跟第一个一样，还是跟第二个一样。这个叫做 A-B-X，AB 一定是不一样的，问题是 X 是像 A 还是像 B。现在我们可以看图 100 下，这 11 个音节里头，前面 6 个刺激大家都说是"姨"。到 7 以后就有人说"衣"，还有人说"姨"。到了 10 以后，就都说是"衣"了。图中一条是 identification，另一条也是 identification，这两个加在一起应当是 100 分，它们在 7、8 中间交叉，这是归类测验。接着让受试者听 A-B-X 的时候，如"衣、姨、衣"是 A，很多时候他们分不出来。可是恰好是在交界的地方,他们听得非常清楚。记得我在第三讲的时候,问过"y...
a... u"里头有多少个元音吗? 这不是个好问题,因为是连续的。可是
因为我们有语言,语言把这个连续的现象割开了,变成一个一个的类
别。我们照这些类别去听东西,这个就叫类别感知 categorical percep-
tion,所以一个是姨妈的"姨",一个是衣裳的"衣",7 左右是它们的界
线。不过如果让外国人来听,他们没有学过声调,就很难把这些音分出
来,可是还是有一个准确度比较高的地方,那就是 10 跟 11 当中,因为
11 是完全平,10 是不大平。那是几十年以前作的实验了,可是我们那
时没办法知道大脑在做什么,我们只看到大脑塑造出来的一些行为。
现在我们有脑电波了,可以用脑电波来做。

　　我到了香港之后,一直在想一个问题:我们的普通话有 4 个声调,
如果有个方言声调多得多,那会怎样呢? 广东话有 9 个声调,6 个长
调,3 个短调,所以加在一起一共有 9 个声调。普通话只有 4 个声调。
可是,普通话有一个高平调,一个升调,广东话也有一个高平调,但是有
两个升调。既然普通话只有一个升调,广东话有两个升调,那么会不会
有什么区别?

　　我们用了三组受试者,一组是讲普通话的,在北京作的实验;另一
组是在香港作的,受试者都讲广东话;最后一组是龚涛在德国作的。就
像之前我在美国作的实验,我们有些不懂声调的受试者,但这次是德国
人。这次我们看出来,还在归类的时候,普通话跟广东话的曲线比较
陡,如图 101 上、中,虽然单用眼睛看并不明显,但是可以用统计的方法
算出来。这是有意义的,是在 identification 时的结果。至于辨别就更
有意思了。彩图 102 里的红线代表说普通话的,大家还记得三十年前
我在 *Annals of the New York Academy of Science* 作的实验,在"七"左右有
个 category boundary(类别界线),这个 boundary 不只是说普通话的人
有,说广东话的香港人也有。但是德国人没有,因为他们不懂声调,他

们的语言不用声调的。有趣的是，这次德国人就像美国人一样，在9—11处有一个 peak，广东人在这里也有一个 peak。所以我们的解释是，广东人共有两个 peaks，因为他们有两个声调跟升调对应。

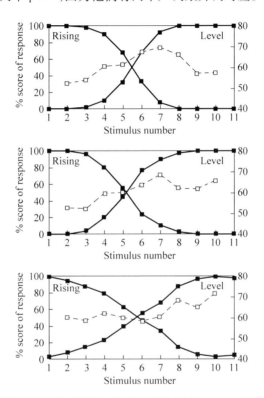

图 101　普通话、粤语、德语受试者的归类测验（Peng et al. 2010：620）

图 103 是我们组里的一位研究员郑洪英带上 128 个电极，在那里作实验，那个机器就同时画出 128 个通道。刚画出来的时候，每一个通道都是乱七八糟的。因为大脑里头有那么多神经元，而且这些神经元有的在做那个，有的在做这个，没有什么规律。但是如果要她一直听同一个音节，"衣-衣-衣……"几十个之后，大脑对于"衣"的反应就可以从脑波里用统计的方法找出来。比方一开始第一个脑波非常混乱，看

不出哪个脑波反应才是与我们的研究有关系的，但是加了第二个、第三个、第四个、第五个、第六个、第七个、第八个、第九个、第十个、十一、十二、十三，加到十三个时，就比较清楚了，如图102。这种方法就把原本不规律的 EEG 脑电波，变成 ERP（event-related potential，事件相关电位）。听到"衣"的时候，图104 有一个很大的正电压，下面有一个很大的负电压，研究脑波基本就用这个办法。

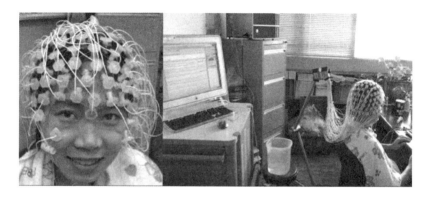

EEG：Electroencephalography.

—The electrical activity is recorded from human brains by the electrodes on the scalp. (Ref. LUCK 2005)

—Strength：A <u>direct</u> brain response measurement. Its <u>good temporal resolution</u> helps to answer the 'when' question.

—Facility：EGI 128-Channel EEG system.

图 103　脑电仪

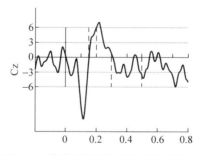

图 104　统计所得多次脑电波的平均数

　　郑洪英的实验,就是让受试者坐在那里,然后她要他们自己挑一个电影。挑了电影后,他们就坐在屏幕前头看电影,戴着耳机。听到的当然不是电影里面的声音,而是"衣-衣-衣"。可是因为有字幕,还是可以知道电影到底是什么剧情。但是受试者听到的不只是"衣",有的是"姨"。基本上他们听到的常态是彩图 105 里的这些黑块,是#8。听到的非常态则有的是#10,有的是#6。比方红色是#10,我们从以前的试验里知道,#8 跟#10 是在一个类别里头,可是#8 跟#6 是在不同的类别里。上次我跟大家说过,这个方法叫 oddball(异数)。就是听"衣-衣-衣"时来了一个 oddball,再"衣-衣-衣"又来了一个 oddball,听好几百个,所以统计上就有办法分析。这些 oddball 分两种,一种是同类的,一种是跨类的。郑洪英就发现,虽然这些人在看电影,但他们大脑的感觉还是照着这些类别的,所以跨类的电波就比同类的电波要强。彩图 106 就是受试者的脑电波。

　　这种在"非注意"或者"前注意"(pre-attentive)时期获得的脑波有一个名字,叫做失匹配负波(mismatch negativity, MMN)。从彩图 106 可以看到讲普通话的人,在听跨类声调时,脑波激活得比较早,在150ms 就已经激活了,但是听同类声调时,脑波激活得比较晚,大约在250ms 才激活。说明跨类声调比同类声调更加容易激活脑波。我们现在正在重复这个实验,并且将讲普通话和讲广东话的人的表现进行对比。因为广东话里面有三个平调、两个升调。声调系统复杂的时候,声调跟声调的界线就会增加,所以这个我觉得很有意思。从行为实验来看,图 107a 中上面菱形点的是说普通话的人,只有一个高点,可是说广东话的人有两个高点,6—8 是一个高点,9—11 又是一个高点,这另一个高点就有可能是因为声调系统复杂导致的声调和声调之间界线的增加。彩图 106 所介绍的是受试者在完全不注意语音输入情况下测量的脑波活动,在同样的异数实验形式下,郑洪英①还测量了当受试者注意语音输入,并且听到异数需要按键反应时的脑波活动,这次的实验包括讲普通话和讲广东话的人。这次同类异数使用#1,常态使用#4,跨类异数使用#7。从图107b的脑波上来看,讲普通话的人,好像同类异数和跨类异数脑波没有什么很大的区别。香港人就不一样了,对跨类跟同类的刺激,香港人的反应有很大的区别。但是,从同一个实验的行为反应来看(图107a),讲普通话的人和香港人的反应却没有太大差别,都是对跨类异数的分辨能力比对同类异数的分辨能力高。我们作这些实验,就是想说明,以前我们说这是个声调语言,那是个非声调语言,这个不够,因为声调语言有很多不同的种类。同样是汉语的声调语言,粤语跟北方话,因为声调系统不同,大脑的反应就不一样,至于为什么会有这么大的不同,我们现在还没有很圆满的解释,但是初步设想是因为广东话的声调调类比普通话多。这个假设需要进一步验证。

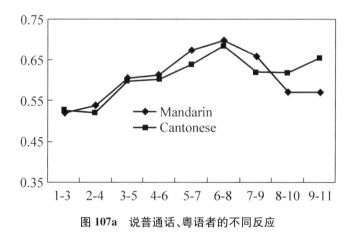

图107a　说普通话、粤语者的不同反应

---

① Zheng et al. 2012.

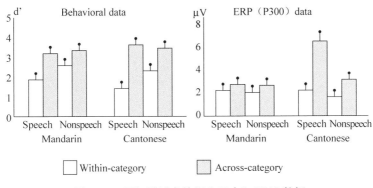

图 107b　两组受试者的行为反应和 P300 数据

　　可喜的是最近对声调的实验研究在渐渐地增加。[①] 希望各个不同的研究室共同合作努力,把声调的涌现、演化、发音及听觉联系起来达到一个整体的了解。

4.7　声调与音乐

　　如果我们从小就听到声调,每次自己说话或别人说话时,就听到音高的不同,这会不会让我们受影响,会不会影响我们听别的音高呢? 有一种能力叫做"绝对音高"(absolute pitch)。Mozart(莫扎特)就有这种能力,在钢琴上弹任何一个键,他都可以告诉你,那是个 B sharp(升B),他不需要参考别的音,不需要对比别的音,这就是 absolute pitch 绝对音高的能力。我们是说声调语言的人,说声调语言的人当中有绝对音高能力的,比例高得多。这些东西你如果感兴趣的话,可以去看原文。绝对音高的能力比较少见,在美国跟欧洲,一万个人当中有时候还找不到一个。[②]

　　[①]　Tsang et al. 2010;Xi et al. 2010.

　　[②]　Deutsch et al. 2006.

作这个实验的人是加州大学 San Diego 分校的科学家 Diana Deutsch,她发现,说声调语言的人,有绝对音高能力的,比说其他语言的人多得多。她在美国很多音乐学院收集材料,发现如果从小就讲声调语言,那么 absolute pitch 的能力就非常高。这篇文章 2009 年在 *JASA* 上发表,①是一个很权威的学报。

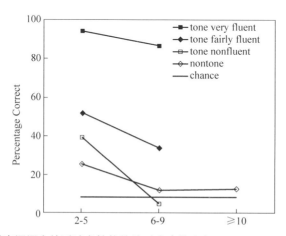

图 108　说声调语言的受试者较佳的绝对音高能力(Deutsch et al. 2009:2400)

如果 998 加 225,用阿拉伯数字,就可写成 998+225;可是用拉丁数字,就要写成 DCCCCLXXXXVIII+CCXXV,书写跟阅读都要费时得多。类似地,若有一串如下的二进位数字:

11111010101100011010001000

绝大多数人都会觉得不易记牢,除非是反复练习许多次。但是如果把它转成熟悉的十进位或十六进位法,那么这串数字就好记多了。要能理解长句子,不管是说的或写的,基本上也需具备类似的断句技能。

————————

①　Deutsch et al. 2009.

111,110,101,100,011,010,001,000＝7 6 5 4 3 2 1 0

1111,1010,1100,0110,1000,1000＝F A C 6 8 8

　　所以对书写、阅读、记忆来讲，一个符号系统用什么样式的符号，以及怎样断句、组块都是很关键的因素。语言、音乐及数学三者基本都是复杂适应符号系统，[1]有很多相同的地方，因此三者在大脑里所运用的神经网络应该大同小异。

　　用什么样的符号系统来表达思想，就会影响这个思想的发展。欧美人用的是拼音字母，我们用的是汉字，两者到底有什么基本的区别呢？很多人以前以为看汉字的时候，不需要知道它是什么音，就能够直接把字的意义取出来，不需经过语音，这个曾志朗与洪兰也提到过。我们在1977年写了一篇文章，说这个看法是不对的。[2] 曾志朗实验中所用的那些字，有的是有相同声母的，像"克、康、开、哭"，前头都是k，有的是相同元音的，像"七、吉"，有的是声母跟韵母都一样，声调可能不一样，如"石、示、市、士、师、十、事"。我们发现，虽然整个实验不需要发音，可是当声母一样的时候，受试者所能够记得而答对的，只有差不多一半。如果元音一样的话，所能够记对的，又少一点，如果声母跟元音都一样，那么记得最糟，只有三分之一。换句话说，target list 那些字跟 interference list 干扰的那些字，语音上越一致，记的时候就越受干扰，所以如果汉字跟语音没有关系的话，就不会有这种结果。这个就让我们了解到，以为说汉语或写汉字时就直接达到了它的语义，这个说法很有问题，读汉字一定是一种非常复杂的能力，我们学的时候很小，那个时候我们大脑的力量非常强，让我们学到了，但是绝对不是一件简单

---

[1]　Chao 1968a；Wang 2006b.

[2]　Tzeng, Hung & Wang 1977.

的事情。

　　对汉字的误解，除了认为不经语音就可直达语义之外，还有许多人不明白，文字只是一种表达口头语言的符号，但是由于语言的性质不同，该用哪一种符号来代表也会因语言而异。[1] 过去由于种种的历史因素，很多学者误以为西方的一切都是好的，是进步、文明的象征，中国在科技、文化各方面都应该向西方学习。现在我们了解，这种认识只是时代的产物，汉语的音节结构简单，虽有声调辨义的作用，同音字却仍非常多，因此正需要汉字这种单音独体的文字符号，才有助于阅读的便利与流畅。而且汉字中有许多形声字，既在视觉上提供了语义信息，也在听觉上提供了语音信息。这种双模式并行的符号，大大增进了大脑处理文字的效率，使读者在观字的同时，也能约略推知该字的读音。汉字这种独一无二的阅读优势，绝对是西方拼音文字无法取代的。无论如何，这方面的研究现在才刚开始，非常需要各位有志之士更深入探索汉字阅读的神经生理机制。

　　最近，法国的一位神经科学家 Dehaene，写了一本很多人都非常喜欢看的书，叫 Reading in the Brain，[2]他把阅读在大脑里面的过程，一步一步追上去。在大脑里，一开始的时候，是左大脑跟右大脑共同工作的，然后到了某个时候，就从双大脑变到左大脑去了，而且能够注意的东西，越来越像文字了。大家可以看他的这本 Reading in the Brain，在这本书里，他用了一张图片，说明我们阅读的时候，经过了大脑的哪些地方。

　　Dehaene 是一个名气非常大的神经科学家，他讲的话都是有根据的，大部分也是可信的。我为什么说大部分呢？因为读汉字也是在阅

---

[1]　Wang 1981.

[2]　Dehaene 2009，书评有 Gabrieli 2010 及 Gross 2010。

读,但他的材料却是完全根据拼音文字所得来的。之前我提过香港大学的谭力海先生,他们发现在大脑的某一部分,就是我们讲过的 left middle frontal gyrus(LMFG,左脑额中回),与汉字阅读特别有关,但在 Dehaene 的这张图片里,就没有画到。我们读汉字的时候,left middle frontal gyrus 特别活跃,所以读拼音文字跟读汉字不是完全一样的。还有一点也很奇怪,就是为什么 LMFG 会在这里。它离运动脑回,也就是管肌肉运动的地方很近,这是不是因为我们学认字、写字的时候,练啊练,练啊练,练得好的时候,老师会在作业本上赏个红圈,练不好的时候,老师打手心。好多年这么练习,所以现在如果忘记一个字怎么写了,我们会说,哎呀,是不是这么写(用手指头在空中比画)。这是动作,所以很可能用手指比画汉字,跟运动脑回有关系,至少我们可以这么猜想。

　　我觉得很值得去作这种实验。我们看拉丁字母,每个字母都很简单,而且很多字母都是圆的,如 a、b、c、d、e,都是圆的,汉字不是这样,汉字比较方,比较直,比较有角度。而且我们看汉字的时候,很多汉字的辨别,可以说是一种 distinctive feature(区别特征),在拼音文字里头没有的。比方,图 109 里 A 栏第一行的"八、人、入",就差那么一点,让外国人学这个,他会觉得非常困难。B 栏第一行的"己、已、巳"这三个字,就只有"己"没出头,"已"出一点头,"巳"完全连起来了。我们在研究语音的时候,说世界上的语言有哪些语音,有哪些区别特征。文字也应当有区别特征,如果不考虑汉字在内,就说出一些区别特征,这是不全面的。所以,这方面我们真的非常值得研究。而且,拼音文字就在一条线上,可是汉字是有层次的结构,就像个句子一样,比方"衡"是"行"字部,左边跟右边两部分是它的部首;或者像"裹东西"的"裹",它的部首是"衣",当中插了个"果",像这种东西,我们大脑是怎么处理的呢?很多问题还没有找到答案,因为还没有怎么作过这方面的研究。

	A	B
1	八 人 入	己 已 巳
2	日 曰	土 士 未 末
3	田 由 胃 冑	甲 申 (由 甲)
4	大 太 犬 王 玉 主	衰 衷 袁
5	戈 戊 戌 戍	丐 丏 宫 官
6	束 柬 東	兵 乒 乓

图 109   汉字的区别特征(Wang & Tsai 2011:13)

4.8   语言塑造大脑

我们现在讲构词，讲声调，是在比较抽象的语言层次上，语言也能够影响大脑及行为吗？有人在这方面作过研究，但是都非常不成功。比方 Alfred Bloom 三十年前问：汉语能够表达与事实相反的概念吗？英语把这种概念叫做 counterfactuals，反事实事件（违反事实的）。用英语就可以表达，英语可以说 If I were Obama, I would... 英语有两个办法，一个是 were，一般是 If I am 或者 If I was，不过这个 were 就表示它是 counterfactual。I would 又是一个表达 counterfactual 的办法。汉语里面没有这种办法，是不是就表达不出来与事实相反的概念？Bloom 说缺少这种结构，会使说汉语者不太容易进行反事实的理解和思考。他就写了一本书，书名叫 *The Linguistic Shaping of Thought：A Study in the Impact of Language on Thinking in China and the West*。[①] 可是他那个实验作得很不谨慎，因为很多地方他让中国人当发音人，但是他编出来的那些句子一点都不像汉语的句子。所以香港大学有位 Terry Au

---

① Bloom 1981.

（区）教授，就写文章批评了这本书，她说我们根本不可以相信 Bloom 的结论。①

另外，原本在 Stanford 大学、目前在加州大学圣迭戈分校的心理学家 Lera Boroditsky，她说英语里，时间可以用空间上的前后来代表，比方我们可以说 day *after* tomorrow 或者 day *before* yesterday。汉语当然也有，"前天、后天"，基本是空间词，但是用在时间上。汉语还有"上"跟"下"也可以代表，"上个礼拜，下个月"。"前、后"是水平的，"上、下"是垂直的。Boroditsky 就说也许中国人在想时间的时候，跟美国人的解释不一样，她就写了一篇文章，叫做 *Does Language Shape Thought? Mandarin and English Speakers' Conceptions of Time*。② 可是她犯了同样的毛病，很多实验材料都完全不能接受。所以当时就有一位台湾成功大学（现在在台湾师范大学）的陈振宇教授给她写了很好的评论。③ 换句话说，有时候外国人不大懂中国话，却硬要拿中国话来作实验，结果得出来的成果、写出来的报告不大容易令人相信。许多非常有意义、有趣的问题正在等待探索，这种探索必须要多学科的实证研究，特别是需要中国语言学的知识，上述这两个失败就是因为他们没有中国语言学的知识。有多学科的合作，才能够把研究成果与其他学科一流的科技知识结合，逐步地累积起来。我觉得中国语言学有责任好好地把握这种机会。④

我再举一个例子。几年前，《科学》上有篇文章（Wu et al. 2016），论证了 4000 年前的一场洪水，也许可以证实大禹治水及夏王朝的存在并非神话。这篇论文的第一作者吴庆龙同时是北京大学考古学和南京

---

① Au 1983.
② Boroditsky 2001.
③ Chen 2007.
④ Li et al. 2006；Law et al. 2008；Zhou et al. 2009.

师范大学地理系的教授，而共同作者中也有台湾大学及美国哈佛大学人类学系的教授与多位中国地质系的教授。因此许多研究涉及的层面广泛，光靠一个学科的努力不可能取得令人信服的成果，这也是为什么我一直提倡跨学科研究的重要性。

还有两篇文章值得一提。[1] Henrich 等人把一些比较重要的学报，从 2003 年到 2007 年统计了一下，他们发现，96% 的受试者都是欧美人，这些受试者，只占了世界人口的 12%，所以我觉得，如果我们要真的了解人，就不只是欧美人，而是所有的人，人类是怎么样的。要了解 *Homo sapiens* 我们不能够这么偏向这 12% 的人口。

目前语言与大脑的研究，材料大多取自欧美文化，受试者仅占全球人口的 12%，这些实验结果当然不能代表人类的普遍情况，要全面了解语言及大脑这两者的关系，我们有义务大量增加以汉语为研究主题的材料，汉语的两大特征，是声调与文字，我们应该特别加强这两方面的探索。

可喜的是，中国科学院近年来也非常关注大脑的研究，其神经科学研究所的所长蒲慕明，曾在 2016 年撰文介绍这个为期 15 年（2016—2030）的中国"脑科学计划"。（China Brain Project，Poo et al. 2016）该计划旨在探索认知功能的神经基础，希望借此能对大脑的各种障碍或病症进行早期诊断和及时干预，并进而期盼神经科学的进步可以带动人工智能的发展。相信这个政府大力支持的计划，能弥补以往研究多拿欧美人士为对象、以偏概全的不足。此外，北京大学的葛鉴桥等人最近也在《自然神经科学》上发表了"中国人脑连接组计划"（Chinese Human Connectome Project，简称 CHCP，Ge et al. 2023），为语言加工和大脑机制等相关研究提供了跨文化比较的数据。

---

[1]　Henrich et al. 2010a、2010b.

语言和大脑是互动的,所以回到蔡元培的问题,有了人类发达的大脑,才可能有变化无穷的语言,同时,语言也在不断地改造大脑,不同的语言会塑造出不同的大脑。语言是人类最关键的特征,研究语言与大脑,就是研究人性最好的方法,因为人性就是大脑与语言所共同造成的。

大家都知道苏东坡的名句,"不识庐山真面目,只缘身在此山中"。我们一辈子也可以说都住在语言这座山里。在母亲肚子里就会经常听到她说话,临终前也是在亲友的言语中告别。也许我们根本就不可能彻底了解语言的真面目。"不识语言真面目,只缘身在言语中",我们自始至终走不出语言这座山,这正是研究语言最大的挑战,也正是语言研究最大的乐趣。

最后再给各位看一张相片,这是杨锋老师刚帮我找到的,好像是1973 年拍的。那时候电脑工业起步不久,当然还没有 powerpoint。我带了几十张方方的幻灯片,可是北大找一台投影仪很难;好不容易找到了一台投影仪,找屏幕又很难,不知道到哪里借来的。所以那个时候国家的贫困情形,现在不大容易想象得到了。那时国家还在搞"文化大革命",一切都非常乱。北大校园里没有一个学生,宿舍都已损坏,路上堆了一片片破碎的玻璃。朱德熙先生带我到未名湖旁看了周培源校长,虽然彼此客套了几句,可是大家心里都很难过。这次来,一切都有很大的改变、很大的进步。国家富强了,北大也茁壮了,选择就更多了,有很多不同的道路可以选择,不同的道路可以走。现在最常听到的道路是"致富",就是大家都想发财。可是财富有很多种,知识也是一种很重要的财富。一个国家、一个民族,单靠财力或军力,不可能获得别人的尊敬与支持,更重要的是我们的知识和文化素养。

图 110　王士元 1973 年在北大讲课

图 111　Frost 纪念邮票

© iStockphoto

　　在求知识的这条道路上,有很多很吸引人的地方。我们可以遇到
很伟大的思想家,像达尔文,像 Mendel,像 Broca 等;我们也可以遇到很

多很美的思想。思想的确是一种非常美妙、艺术的东西,而思想的基础当然就是语言。所以我希望越来越多的人考虑这条道路——求学的道路。我想跟大家分享几句诗,美国诗人 Robert Frost(1874—1963)写的一首诗。大家也许知道这首诗:

> Two roads diverged in a wood, and I
>
> I took the one less traveled by,
>
> And that has made all the difference.

参 考 文 献

Abler, William L. 2006 The nature of language. Science Progress 89. 61—70.

Allen, John S. 2009 The Lives of the Brain: Human Evolution and the Organ of Mind. Cambridge, Mass. : Belknap Press of Harvard University Press.

Allman, John M. , Atiya Hakeem, Joseph M. Erwin, Esther Nimchinsky & Patrick Hof 2001 The anterior cingulate cortex. Annals of the New York Academy of Sciences 935. 107—17.

Au, Terry Kit-Fong 1983 Chinese and English counterfactuals: The Sapir-Whorf hypothesis revisited. Cognition 15. 155—87.

Azevedo, Frederico A. C. , et al. 2009 Equal numbers of neuronal and nonneuronal cells make the human brain an isometrically scaled-up primate brain. The Journal of Comparative Neurology 513. 532—41.

Baker, R. J. 2010 Review of Kong Jiangping. Journal of Chinese Linguistics 38. 1. 175—80.

Balter, Michael 2004 Search for the Indo-Europeans. Science 303. 1323—6.

Bialystok, Ellen, Fergus I. M. Craik, David W. Green & Tamar H. Gollan 2010 Bilingual minds. Psychological Science in the Public Interest 10. 89—129.

Bloom, Alfred H. 1981 The Linguistic Shaping of Thought: A Study in the Impact of Language on Thinking in China and the West. L. Erlbaum Associates.

Bloomfield, Leonard 1933 Language. Henry Holt.

Boroditsky, Lera 2001 Does language shape thought? Mandarin and English speakers' conceptions of time. Cognitive Psychology 43. 1—22.

Broca, Paul 1861 Nouvelle observation d'aphémie produite par une lésion de la moitié postérieure des deuxième et troisième circonvolutions frontales gauches. Bulletin de la Société Anatomique 36. 398—407.

Brodmann, Korbinian 1909 Vergleichende Lokalisationslehre der Grosshirnrinde in ihren Prinzipien dargestellt auf Grund des Zellenbaues. Leipzig.

Cahill, Larry 2005 His brain, her brain. Scientific American 292. 40—7.

Cai 蔡元培 1928 "中研院" 历史语言研究所集刊发刊词.

Cajal, Santiago Ramón y. 1906 Studien über die Hirnrinde des Menschen. Johann Ambrosius Barth.

Cann, R. , M. Stoneking & A. Wilson 1987 Mitochondrial DNA and human evolution. Nature 325. 31—6.

Caramazza, A. et al. 2000 Separable processing of consonants and vowels. Nature 403. 428—30.

Carroll, Sean B. 2003 Genetics and the making of *Homo Sapiens*. Nature 422. 849—57.

Catani, Marco, Derek K. Jones & Dominic H. ffytche 2005 Perisylvian language networks of the human brain. Annals of Neurology 57. 8—16.

Cavalli-Sforza, Luigi Luca 2000 Genes, Peoples, and Languages. North Point. 中译：吴一丰、郑谷苑、杨晓珮译. 2003. 追踪亚当夏娃. 台北：远流出版社.

Cavalli-Sforza, L. L. , A. Piazza, P. Menozzi & J. Mountain 1988 Reconstruction of human evolution：Bringing together genetic, archeological and linguistic data. PNAS 85. 6002—6.

Cavalli-Sforza, L. L. & Marcus W. Feldman 2003 The application of molecular genetic approaches to the study of human evolution. Nature Genetics Supplement 33. 266—75.

Cavalli-Sforza, L. L. & W. S-Y. Wang 1986 Spatial distance and lexical replacement. Language 62. 38—55. 转载 Wang, W. S-Y. 1991a. 143—61. 中译：熊宁宁译. 2000. 空间距离与词汇替换. 语言的探索：王士元语言学论文选译. 24—48.

Chao 赵元任 1928 现代吴语的研究. 北京：清华大学.

Chao, Y. R. 1934 The nonuniqueness of phonemic solutions of phonetic systems. Bulletin of the Institute of History and Philology, Academia Sinica 4. 363—97. 转载 1966. Readings in Linguistics I, ed. by Martin Joos. 38—54. The University of Chicago Press.

Chao, Y. R. 1968a Language and Symbolic Systems. Cambridge University Press.

Chao, Y. R. 1968b A Grammar of Spoken Chinese. University of California Press.

Chao Y. R. 1976 Aspects of Chinese Socio-Linguistics. Stanford：Stanford University Press.

Chen 陈保亚 1996 论语言接触与语言联盟：汉越(侗台)语源关系的解释. 北京：语文出版社.

Chen, Jenn-Yeu 2007 Do Chinese and English speakers think about time differently?

Failure of replicating Boroditsky 2001. Cognition 104. 427—36.

Chen,Sylvia & Elizabeth Bates 1998 The dissociation between nouns and verbs in Broca's and Wernicke's aphasia:Findings from Chinese. Aphasiology 12. 5—36.

Chen 陈宜张 2008. 神经科学的历史发展和思考. 上海科学技术出版社.

Cheng,Chin-Chuan 1994 DOC:Its birth and life. In Honor of William S-Y. Wang:Interdisciplinary Studies on Language and Language Change,ed. by M. Y. Chen &. O. J. L. Tzeng. 71—86. Taipei:Pyramid Press.

Chow,King L. 2005 Speech and language—A human trait defined by molecular genetics. Language Acquisition,Change and Emergence:Essays in Evolutionary Linguistics,ed. by J. W. Minett & W. S-Y. Wang. 21—46. Hong Kong:City University of Hong Kong Press.

Churchland,Paul M. & Patricia S. Churchland 2000 Foreword to The Computer and the Brain. 2nd edition. Yale University Press.

Cohen,Jon 2010 Chimps read lips. Science 328. 5974. 32.

Conel,J. L. 1939 The Postnatal Development of the Human Cerebral Cortex. Vol. 1. The Cortex of the Newborn. Cambridge:Harvard University Press.

Corballis,Michael C. 2007 The uniqueness of human recursive thinking. American Scientist 95. 240—8.

Coupé,Christophe & Jean-Marie Hombert 2005 Polygenesis of linguistic strategies:A scenario for the emergence of languages,ed. by Minett & Wang. 153—201.

Cowan,W. M. 1979 The development of the brain. Scientific American 241. 113—33.

Crepaldi,Davide,Manuela Berlingeri,Eraldo Paulesu & Claudio Luzzatti 2011 A place for nouns and a place for verbs? A critical review of neurocognitive data on grammatical-class effects. Brain & Language 116. 33—49.

Crick,Francis. 1994. The Astonishing Hypothesis. Touchstone.

Croft,William 2001 Radical Construction Grammar:Syntactic Theory in Typological Perspective. Oxford/New York:Oxford University Press.

Curtiss,Susan 1977 Genie:A Psycholinguistic Study of a Modern-Day "Wild Child". New York:Academic Press.

Damasio,Antonio 1994 Descartes' Error: Emotion,Reason,and the Human Brain. New York: Avon Books.

Damasio,Antonio R. 2003 Looking for Spinoza:Joy,Sorrow,and the Feeling Brain. Orlando,Fla. :Harcourt.

Damasio,Antonio R. & Norman Geschwind 1984 The neural basis of language. Ann.

Rev. Neurosci. 7. 127—47.

Damasio, Hanna. Thomas Grabowski, Randall Frank, Albert M. Galaburda and Antonio Damasio 1994 The return of Phineas Gage: Clues about the brain from the skull of a famous patient. Science 264. 1102—5.

Darwin, Charles 1859 On the Origin of Species by Means of Natural Selection or the Preservation of Favored Races in the Struggle for Life.

Darwin, Charles 1871 The Descent of Man, and Selection in Relation to Sex.

Darwin, Charles 1872/1998 The Expression of the Emotions in Man and Animals. 3rd edition. New York: Oxford University Press.

de Saussure, Ferdinand 1879 Mémoire sur le système primitif des voyelles dans les langues indoeuropéennes.

de Saussure, Ferdinand 1916 Cours de linguistique générale. 英译: Wade Baskin. 1959. New York: Philosophical Library.

de Waal, F. B. M. 1998 Chimpanzee Politics: Power and Sex among Apes Baltimore. MD: Johns Hopkins University Press.

Deacon, Terrence W. 1997. The Symbolic Species: the Co-evolution of Language and the Brain. New York, W. W. Norton.

Dehaene, Stanislas 2009 Reading in the Brain. Penguin Viking.

Dejerine, J. 1892 Contribution à l'étude anatomo-pathologique et clinique des différentes variétés de cécité verbale. Mémoires de la Société de Biologie 4. 61—90.

Dekaban, Anatole S. & Doris Sadowsky 1978 Changes in brain weights during the span of human life: Relation of brain weights to body heights and body weights. Annals of Neurology 4. 345—56.

Deutsch, Diana 2006 The enigma of absolute pitch. Acoustics Today 2. 11—8.

Deutsch, Diana, Kevin Dooley, Trevor Henthorn & Brian Head 2009 Absolute pitch among students in an American music conservatory: Association with tone language fluency. J. Acoust. Soc. Am. 125. 2398—403.

Deutsch, Diana, Trevor Henthorn, Elizabeth Marvin & HongShuai Xu 2006 Absolute pitch among American and Chinese conservatory students: Prevalence differences, and evidence for a speech-related critical period. J. Acoust. Soc. Am. 119. 719—22.

Dobzhansky, T. 1973 Nothing in biology makes sense except in the light of evolution. American Biology Teacher. 35. 125—29.

Dronkers, N. F. , O. Plaisant, M. T. Iba-Zizen & E. A. Cabanis 2007 Paul Broca's historic cases: High resolution MR imaging of the brains of Leborgne and Lelong.

Brain 130. 1432—41.

Eccles,John C. 1970 Facing Reality. New York:Springer-Verlag.

Eccles,John C. 1972 The Understanding of the Brain. New York:McGraw-Hill Book Company.

Eimas,Peter D. 1985 The perception of speech in early infancy. 转载 Wang(ed.). 1991b. 117—27. 中译:林幼菁译. 2008. 婴儿早期的语音感知. 179—94.

Emes,Richard D. , Andrew J. Pocklington, Christopher N. G. Anderson, Alex Bayes,Mark O. Collins,Catherine A. Vickers,Mike D. R. Croning, Bilal R. Malik,Jyoti S. Choudhary,J. Douglas Armstrong & Seth G. N. Grant 2008 Evolutionary expansion and anatomical specialization of synapse proteome complexity. Nat Neurosci 11. 799—806.

Enard,W. et al. 2002 Molecular evolution of FOXP2,a gene involved in speech and language. Nature 418. 869—72.

Fadiga,Luciano & Laila Craighero 2006 Hand actions and speech representation in Broca's area. Cortex 42. 486—90.

Falk,Dean 1991 3. 5 Million years of hominid brain evolution. Seminars in Neuroscience 3. 409—16.

Falk,Dean 1992 Evolution of the Brain and Cognition in Hominids. The sixty-second James Arthur lecture. New York:American Museum of Natural History.

Fields,R. Douglas 2010 The Other Brain:From Dementia to Schizophrenia,how New Discoveries about the Brain are Revolutionizing Medicine and Science. New York: Simon & Schuster.

Fleischman,John 2002 Phineas Gage,a Gruesome but True Story about Brain Science. Houghton Mifflin.

Freedman,D. A. & W. S-Y. Wang 1996 Language polygenesis:A probabilistic model. Anthropological Science 104. 2. 131—8. 中译:石锋译. 2000. 语言的多源性:一个概率论模型. 语言的探索:王士元语言学论文选译. 273—80.

Friederici,Angela D. 2006 Broca's area and the ventral premotor cortex in language: Functional differentiation and specificity. Cortex 42. 472—5.

Gabrieli,John 2010 Deciphering the printed word. Nature 463. 430—1.

Gazzaniga,Michael 1998 The split brain revisited. Scientific American 279. 50—6.

Gazzaniga,Michael S. ,Richard B. Ivry & George R. Mangun 2002 Cognitive Neuroscience:The Biology of the Mind. New York:Norton.

Ge,et al. 2023 Increasing diversity in connectomics with the Chinese Human Connectome Project. Nature Neuroscience 26. 163—72.

Geschwind, Norman. 1974. The development of the brain and the evolution of language. Selected Papers on Language and the Brain：86—104.

Geschwind, Norman 1979 Specializations of the human brain. Scientific American 241. 158—68. 转载 Wang(ed.). 1991b. 72—87. 中译：林幼菁译. 2008. 人脑的分工. 113—34.

Goldberg, Adele E. 1995 Constructions：A Construction Grammar Approach to Argument Structure. Chicago：University of Chicago Press.

Goldberg, Adele E. 2006 Constructions at Work：The Nature of Generalization in Language. Oxford/New York：Oxford University Press.

Goldstein, Kurt 1948 Language and Language Disturbances. New York：Grune & Stratton.

Gopnik, Myrna 1990 Feature-blind grammar and dysphasia. Nature 344. 715.

Gould, James L. & Peter Marler 1987 Learning by instinct. Scientific American. 转载 Wang(ed.). 1991b. 88—103. 中译：林幼菁译. 2008. 依本能学习. 135—60.

Greenberg, Joseph H. 1971 Is language like a chess game? Language, Culture and Communication. 330—51. Stanford University Press.

Greenberg, Joseph H. 2000 Indo-European and Its Closest Relatives：The Eurasiatic Language Family. Vol. 1. Grammar, Vol. 2. Lexicon. Stanford, Calif. ：Stanford University Press.

Grodzinsky, Yosef 2006 The language faculty, Broca's region, and the mirror system. Cortex 42. 464—8.

Gross, Charles G. 2010 Making sense of printed symbols. Science 327. 524—5.

Hagoort, Peter & Willem J. M. Levelt 2009 The speaking brain. Science 326. 372—3.

Hebb, D. O. 1949 The Organization of Behavior：A Neuropsychological Theory. New York：Wiley.

Henrich, Joseph, Steven J. Heine & Ara Norenzayan 2010a Most people are not WEIRD. Nature 466. 29.

Henrich, Joseph, Steven J. Heine & Ara Norenzayan 2010b The weirdest people in the world? Behavioral and Brain Sciences 33. 61—135.

Herrmann, Esther, Josep Call, María Victoria Hernández-Lloreda, Brian Hare & Michael Tomasello 2007 Humans have evolved specialized skills of social cognition：The cultural intelligence hypothesis. Science 317. 1360—6.

Hickok, Gregory 2009 Eight problems for the mirror neuron theory of action understanding in monkeys and humans. Journal of Cognitive Neuroscience 21. 1229—43.

Hilgetag, Claus C. & Helen Barbas 2009 Sculpting the BRAIN. Scientific American. 66—71.

Hilts, Philip J. 1996 Memory's Ghost: The Nature of Memory and the Strange Tale of Mr. M. New York: Touchstone.

Hull, Rachel & Jyotsna Vaid 2007 Bilingual language lateralization: A meta-analytic tale of two hemispheres. Neuropsychologia 45. 1987—2008.

Iacoboni, Marco 2009 Mirroring People. New York: Picador.

Iacoboni, Marco & Stephen M. Wilson 2006 Beyond a single area: Motor control and language within a neural architecture encompassing Broca's area. Cortex 42. 503—6.

Jackendoff, Ray & Fred Lerdahl 2006 The capacity for music: What is it, and what's special about it? Cognition 100. 33—72.

Jacob, François 1982 The Possible and the Actual. University of Washington Press.

Jakobson, Roman 1929 Remarques sur l'évolution phonologique du russe comparée à celle des autres langues slaves.

Jakobson, Roman 1941 Kindersprache, Aphasie und allgemeine Lautgesetze.

Jakobson, Roman, Gunnar Fant & Morris Halle 1951 Preliminaries to Speech Analysis. Cambridge, Mass. : MIT Press.

Jia 贾敬颜 1985《"汉人"考》,《中国社会科学》第 6 期.

Johnson, Mark H. 2005 Developmental Cognitive Neuroscience. 2nd edition. Oxford: Blackwell Publishing.

Kandel, E. R. & L. R. Squire 2000 Breaking down scientific barriers to the study of brain and mind. Science 290. 1113—20. Also in 2001. Annals of N. Y. Academy of Sciences 935. 118—35.

Kawai, Nobuyuki & Tetsuro Matsuzawa 2000. Numerical memory span in a chimpanzee. Nature 403. 39—40.

Kay, Paul & Charles J. Fillmore 1999 Grammatical constructions and linguistic generalizations: The what's X doing Y? construction. Language 75. 1—33.

Kay, Paul & W. Kempton 1984 What is the Sapir-Whorf hypothesis? American Anthropologist 86. 65—79.

Kim, Karl H. S. , Norman R. Relkin, Kyoung-Min Lee & Joy Hirsch 1997 Distinct cortical areas associated with native and second languages. Nature 388. 171—74.

Koelsch, Stefan, et al. 2015. The quartet theory of human emotions: An integrative and neurofunctional model. Physics of Life Reviews 13. 1—27.

Kong, Jiangping 孔江平 2007 Laryngeal Dynamics and Physiological Models. 北京：北京大学出版社.

Koob, Andrew 2009 The Root of Thought: Unlocking Glia: The Brain Cell that Will Help Us Sharpen Our Wits, Heal Injury, and Treat Brain Disease. Upper Saddle River. N. J. : FT Press.

Kret, Mariska E. , Linda Jaasma, Thomas Bionda & Jasper G. Wijnenet. 2016. Bonobos (Pan paniscus) show an attentional bias toward conspecifics' emotions. PNAS113. 3761—6.

Krishnan, Ananthanarayan, Jayaganesh Swaminathan & Jackson T. Gandour 2008 Experience-dependent enhancement of linguistic pitch representation in the brainstem is not specific to a speech context. Journal of Cognitive Neuroscience 21. 1092—105.

Krishnan, Ananthanarayan, Yisheng Xu, Jackson Gandour & Peter Cariani 2005 Encoding of pitch in the human brainstem is sensitive to language experience. Cognitive Brain Research 25. 161—8.

Kuhl, Patricia K. 2004 Early language acquisition: Cracking the speech code. Nature Reviews Neuroscience 5. 831—43.

Kuhl, Patricia K. , Barbara T. Conboy, Sharon Coffey-Corina, Denise Padden, Maritza Rivera-Gaxiola & Tobey Nelson 2008 Phonetic learning as a pathway to language: New data and native language magnet theory expanded (NLM-e). Phil. Trans. R. Soc. B 363. 979—1000.

Lamb, Sydney M. 1999 Pathways of the Brain: The Neurocognitive Basis of Language. Amsterdam/Philadelphia: Benjamins.

Lamb, Sydney M. 2010 Book review of language, evolution, and the brain. Language. 973—5.

Lamb, Sydney M. & E. Douglas Mitchell eds. 1991 Sprung from Some Common Source. Stanford University Press.

Lamb, Sydney M. & Xiuhong Zhang 2010 The mental representation of Chinese compounds: Evidence from aphasia. Journal of Chinese Linguistics 38. 26—44.

Langacker, Ronald W. 2008 Cognitive Grammar: A Basic Introduction. New York: Oxford University Press.

Law, Sam-Po, Brendan Stuart Weekes & Anita Mei-Yin Wong eds. 2008 Language Disorders in Speakers of Chinese. Multilingual Matters/Channel View Publications.

Lee, Chia-Ying 2008 Rethinking of the regularity and consistency effects in reading. Language and Linguistics 9. 177—86.

Lee,Chia-Ying,Hsu-Wen Huang,Wen-Jui Kuo,Jie-Li Tsai & J. L. Ovid Tzeng 2010 Cognitive and neural basis of the consistency and lexicality effects in reading Chinese. Journal of Neurolinguistics 23. 10—27.

Lenneberg,Eric 1967 Biological Foundations of Language. Wiley.

Lewin R. 1996 Patterns in Evolution:The New Molecular View. New York:Scientific American Library.

Lewis,Dyani 2022. Ancient skull uncovered in China could be million-year-old Homo erectus. Nature 612. 200—1.

Li,Ping,Li Hai Tan,Elizabeth Bates & O. J. L. Tzeng ed. 2006 The Handbook of East Asian Psycholinguistics. Volume 1. Chinese. Cambridge University Press.

Lieberman,Daniel E. 2013 The Story of the Human Body:Evolution,health,and disease. Pantheon.

Low,P. ,et al. 2012. Cambridge Declaration on Consciousness. Francis CrickMemorial Conference on Consciousness in Human and non-Human Animals,Churchill College,University of Cambridge,July 7: https://fcmconference. org/img/Cambridge-DeclarationOnConsciousness. pdf.

Luck,Steven J. 2005 An Introduction to the Event-Related Potential Technique. MIT Press.

Lucy,John A. 1992 Language Diversity and Thought:A Reformulation of the Linguistic Relativity Hypothesis. Cambridge/New York:Cambridge University Press.

Mampe,Birgit, Angela D. Friederici, Anne Christophe & Kathleen Wermke 2009 Newborns' cry melody is shaped by their native language. Current Biology 19. 1994—7.

Mekata,Makoto 目加田诚 1979 唐诗散策. 东京:时事通信社.

Meltzoff,A. N. & M. K. Moore 1977 Imitation of facial and manual gestures by human neonates. Science 198. 75—8.

Mendel,Gregor 1865 Experiments in plant hybridization. Verhandlungen des naturforschenden Vereines in Brünn. 3—47.

Minett,J. W. & W. S-Y. Wang 2003 On detecting borrowing:Distance-based and character-based approaches. Diachronica 20. 2. 289—330.

Minett,J. W. & W. S-Y. Wang eds. 2005 Language Acquisition,Change and Emergence:Essays in Evolutionary Linguistics. Hong Kong:City University of Hong Kong Press.

Minett,J. W. & W. S-Y. Wang 2008 Modelling endangered languages:The effects of bilingualism and social structure. Lingua 118. 19—45.

Minett, J. W. & W. S-Y. Wang eds. 2009 Language, Evolution, and the Brain. Hong Kong: City University of Hong Kong Press.

Moore, Brian, Lorraine Tyler & William Marslen-Wilson eds. 2009 The Perception of Speech: From Sound to Meaning. Oxford: Oxford University Press.

Mufwene, Salikoko S. 2001 The Ecology of Language Evolution. Cambridge: Cambridge University Press. 中译: 郭嘉、胡蓉、阿错译. 语言演化生态学. 2012. 北京: 商务印书馆.

Mufwene, Salikoko S. 2008 Language Evolution: Contact, Competition and Change. London: Continuum.

Mufwene, Salikoko S. 2022 Linguistic hybridization in the emergence of Creoles. Cambridge Journal of Postcolonial Literary Inquiry 1—16. doi: 10. 1017/pli. 2022. 32.

Patel, Aniruddh D. 2008 Music, Language, and the Brain. Oxford/New York: Oxford University Press.

Patterson, Roy D. & Ingrid S. Johnsrude 2009 The Perception of Speech: From Sound to Meaning, ed. by B. Moore, Lorraine Tyler & William Marslen-Wilson. Oxford: Oxford University Press.

Penfield, W. & L. Roberts 1959 Speech and Brain Mechanisms. Princeton University Press.

Penfield, Wilder & P. Perot 1963 The brain's record of auditory and visual experience. Brain 86. 596—696.

Peng, Gang 2006 Temporal and tonal aspects of Chinese syllables: A corpus-based comparative study of Mandarina and Cantonese. Journal of Chinese Linguistics 34. 134—54.

Peng, Gang, Hong-Ying Zheng, Tao Gong, Ruo-Xiao Yang, Jiang-Ping Kong & William S-Y. Wang 2010 The influence of language experience on categorical perception of pitch contours. Journal of Phonetics 38. 616—24.

Peng, Gang, James W. Minett & William S-Y. Wang 2010 Cultural background influences the liminal perception of Chinese characters: An ERP study. Journal of Neurolinguistics 23. 416—26.

Phan, Mimi L. & David S. Vicario 2010 Hemispheric differences in processing of vocalizations depend on early experience. PNAS 107. 2301—6.

Plutchik, Robert 2001 The nature of emotions. American Scientist 89. 344—50.

Poo, Mu-ming, et al. 2016 China Brain Project: Basic neuroscience, brain diseases, and brain-inspired computing. Neuron 92(3). 591—6.

Premack, Ann James & David Premack 1972 Teaching language to an ape. Scientific American. 转载 Wang(ed.). 1991b. 16—27. 中译：林幼菁译. 2008. 黑猩猩学语言. 21—36.

Price, Cathy J. & Joseph T. Devlin 2003 The myth of the visual word form area. Neuroimage 19. 473—81.

Ramachandran, V. S. 2004 A Brief Tour of Human Consciousness: From Impostor Poodles to Purple Numbers. New York: Pi Press.

Rieke, Fred et al. 1997 Spikes: Exploring the Neural Code. Cambridge, Mass.: MIT Press.

Rizzolatti, Giacomo & Corrado Sinigaglia 2008 Mirrors in the Brain: How Our Minds Share Actions and Emotions, translated by Frances Anderson. Oxford/New York: Oxford University Press.

Rizzolatti, Giacomo, Leonardo Fogassi & Vittorio Gallese 2006 Mirrors in the mind. Scientific American 295. 30—37.

Roberson, Debi, Hyensou Pak & J. Richard Hanley 2008 Categorical perception of colour in the left and right visual field is verbally mediated: Evidence from Korean. Cognition 107. 752—62.

Rosenfield, Israel 1988 The Invention of Memory: A New View of the Brain. New York: Basic Books.

Rumelhart, David E., James L. McClelland & The PDP Research Group 1986 Parallel Distributed Processing: Explorations in the Microstructure of Cognition. Cambridge, Mass.: MIT Press.

Sacks, Oliver 2010 The Mind's Eye. Picador.

Saffran, J. R. 2002 Constraints on statistical language learning. Journal of Memory and Language 47. 172—96.

Sahin, Ned T., Steven Pinker & Eric Halgren 2006 Abstract grammatical processing of nouns and verbs in Broca's area: Evidence from fMRI. Cortex 42. 540—62.

Sahin, Ned T., Steven Pinker, Sydney S. Cash, Donald Schomer & Eric Halgren 2009 Sequential processing of lexical, grammatical, and phonological information within Broca's area. Science 326. 445—9; supporting online material (SOM) 1—11.

Sapir, Edward 1921 Language. Harcourt.

Sapir, Edward 1929 The status of linguistics as a science. Language 5. 207—14.

Sapir, Edward 1931 Conceptual categories in primitive languages. Science 74. 578.

Sapir, Edward 1933 La réalité psychologique des phonèmes. J. Psychol. Norm. Pathol. 30. 247—65.

Sapir, Edward 1983 Selected Writings of Edward Sapir in Language, Culture, and Personality. University of California Press.

Sasanuma, Sumiko 1974 Impairment of written language in Japanese aphasics: Kana versus kanji processing. Journal of Chinese Linguistics 2. 141—58.

Schleicher, August 1863 Die Darwinische Theorie und die Sprachwissenschaft. Weimar. 中译：姚小平译. 2008. 达尔文理论与语言学. 方言. 373—83.

Schleicher, August 1876 Compendium der vergleichenden Grammatik der indogermanischen Sprachen. 4th ed.

Schoenemann, P. Thomas 2022 Evidence of grammatical knowledge in apes: An analysis of Kanzi's performance on reversible sentences. Frontiers in Psychology 13. DOI: 10. 3389/fpsyg. 2022. 885605.

Sejnowski, Terry & Tobi Delbruck 2012 The language of the brain. Scientific American 54—9, October.

Shen, Guanjun & Darryl Granger 2009. Isotopes in quartz reveal the age of China's Peking Man. Nature 458(7235). 123.

Sherrington, Charles 1953 The Integrative Action of the Nervous System. 2nd ed. Cambridge: University Press.

Shi 石锋 2009 实验音系学探索. 北京：北京大学出版社.

Siok, Wai Ting, Charles A. Perfetti, Zhen Jin & Li Hai Tan 2004 Biological abnormality of impaired reading is constrained by culture. Nature 431. 71—6.

Siok, Wai Ting, Paul Kay, W. S-Y. Wang, Alice H. D. Chan, Lin Chen, Kang-Kwong Luke & Li Hai Tan 2009 Language regions of brain are operative in color perception. PNAS 106. 8140—5.

Smith, Janet S. (Shibamoto) 1996 Japanese writing. The World's Writing Systems, ed. by Daniels, Peter T. & William Bright. 209—17. New York: Oxford University Press.

Stix, Gary 2010. Alzheimer's: Forestalling the Darkness. Scientific American 302(6). 50—7.

Tai, James H-Y. & Yijun Chen 2010 Modality and variation in sign language. 研究之乐 II：庆祝王士元先生七十五寿辰学术论文集, ed. by 潘悟云 & 沈钟伟. 330—48. 上海：上海教育出版社.

Tan, Li Hai, Alice H. D. Chan, Paul Kay, Pek-Lan Khong, Lawrance K. C. Yip & Kang-Kwong Luke 2008 Language affects patterns of brain activation associated with perceptual decision. PNAS 105. 4004—9.

Taylor, Jill Bolte 2006 My Stroke of Insight. Plume.

Tomasello, Michael 1999 The Cultural Origins of Human Cognition. Harvard University Press.

Tomasello, Michael 2003 Constructing a Language: A Usage-Based Theory of Language Acquisition. Harvard University Press.

Tomasello, Michael 2008 The Origins of Human Communication. MIT Press. 中译:蔡雅菁译. 2010. 人类沟通的起源. 台北:文鹤出版社. 2012. 北京:商务印书馆.

Tremblay, Pascale & Anthony Steven Dick 2016. Broca and Wernicke are dead, or moving past the classic model of language neurobiology. Brain & Language 162. 60—71.

Truex, Raymond C. & Malcolm B. Carpenter 1969 Human Neuroanatomy. 6th ed. Baltimore:The Williams and Wilkins Company.

Tsang, Yiu-Kei, Shiwei Jia, Jian Huang & Hsuan-Chih Chen 2011 ERP correlates of pre-attentive processing of Cantonese lexical tones:The effects of pitch contour and pitch height. Neuroscience Letters. 487. 268—72.

Tublitz, Nathan 2009 Neural plasticity:The driving force underlying the complexity of the brain. Syntactic Complexity: Diachrony, Acquisition, Neuro-Cognition, Evolution, ed. by Givón, T. & Masayoshi Shibatani. 509—29. Amsterdam/Philadelphia: John Benjamins Pub.

Tzeng 曾志朗 2006 牵动你我神经——镜像神经为什么重要? 科学人 58. 72—5.

Tzeng, O. J. L., D. L. Hung & W. S-Y. Wang 1977 Speech recoding in reading Chinese characters. Journal of Experimental Psychology:Human Learning and Memory 3. 621—30. 转载 Wang, W. S-Y. 1991a. 249—62.

Tzeng, O. J. L., Sylvia Chen & Daisy L. Hung 1991 The classifier problem in Chinese aphasia. Brain and Language 41. 184—202.

Tzeng, O. J. L. & W. S-Y. Wang 1983 The first two R's. American Scientist 71. 238—43. 转载 R. B. Ruddell, M. R. Ruddell & H. Singer eds. 1994. Theoretical Models and Processes of Reading. 3rd ed. Lawrence Erlbaum. 亦载 Wang. 1991a. Explorations in Language. 281—92. 中译:沈钟伟译. 1985. 人脑对书面文字的处理. 语言研究 8. 15—24. 转载 2002. 王士元语言学论文集. 225—39.

Tzeng, O. J. L. & W. S-Y. Wang 1984 Search for a common neuro-cognitive mechanism for language and movements. American Journal of Physiology 246. R904-R11. 转载 Wang. 1991a. 315—29. 中译:洪兰译. 2000. 寻找一个语言和动作上共同

的神经机制. 语言的探索:王士元语言学论文选译. 281—97.

Vallender,Eric J. ,Nitzan Mekel-Bobrov & Bruce T. Lahn. 2008. Genetic basis of human brain evolution. Trends in Neurosciences 31(12). 637—644.

Vargha-Khadem, F. et al. 1998 Neural basis of an inherited speech and language disorder. PNAS 95. 12695—700.

von Frisch,Karl 1962 Dialects in the language of the bees. Scientific American 207. 78—87. 转载 Wang(ed.). 1982. 13—25.

von Humboldt,Wilhelm 1972 Linguistic Variability & Intellectual Development. University of Pennsylvania Press.

von Neumann,John 1958/2000 The Computer and the Brain. Yale University Press.

Wang,C. -C. ,et al. 2021 Genomic insights into the formation of human populations in East Asia. Nature 591. 413—9.

Wang,Feng 汪锋 2006 Comparison of Languages in Contact:The Distillation Method and the Case of Bai. Nangang:Institute of Linguistics,Academia Sinica.

Wang,F. & Wang,W. S. -Y. 2004. Basic words and language evolution. Language and Linguistics 5(3). 643—62. 中译:谷峰译. 2006. 基本词汇与语言演变. 语言学论丛 33. 340—58. 北京:商务印书馆.

Wang,W. S-Y. 1967 Phonological features of tone. International Journal of American Linguistics 33. 93—105. 转载 Wang. 1991a. 169—85. 亦载 Wang 2010. 53—71. 中译:i) 刘汉城、张文轩译. 1987. 声调的音系特征. 国外语言学 1. 1—11 (北京). ii) 石锋译. 1990. 声调的音位特征. 语音学探微. 203—24. 北京:北京大学出版社. iii) 石锋译. 2000. 声调的音系特征. 语言的探索:王士元语言学论文选译. 223—43. 转载 2002. 王士元语言学论文集. 北京:商务印书馆. 147—69.

Wang,W. S-Y. 1969 Competing changes as a cause of residue. Language 45. 9—25. Reprinted with postscript in P. Baldi and R. N. Werth eds. Readings in Historical Phonology:Chapters in the Theory of Sound Change. 1978. 236—57. Pennsylvania University Press. Reprinted in Wang. 1991a. 3—19. Also in Wang. 2010. 32—53.

Wang,W. S-Y. 1973 The Chinese language. Scientific American 228. 53-62. 转载 Wang(ed.). 1982. 52—62. 亦载 Wang. 1991a. 333—51.

Wang,W. S-Y. 1976 Language change. Annals of the N. Y. Academy of Science 280. 61—72. 转载 Wang. 1991a. 48—59. 亦载 Wang. 2010. 268—83.

Wang,W. S-Y. 1981 Language structure and optimal orthography. Perception of Print:Reading Research in Experimental Psychology,ed. by O. J. L. Tzeng & H. Singer. 223—36. Hillsdale, N. J. : Lawrence Erlbaum Associates. 转载 Wang.

1991a. 268—80.

Wang, W. S Y. ed. 1982 Human Communication: Language and Its Psychobiological Bases. W. H. Freeman and Company. 中译：王士元主编. 1987. 语言与人类交际. 游汝杰、潘悟云、张洪明等译，葛传椠、徐烈炯审校. 南宁：广西教育出版社.

Wang 王士元 1983 实验语音学讲座，学术报告. 北京：商务印书馆. 1988 年再版为《语言与语音》. 台北：文鹤出版社. 167 页.

Wang, W. S-Y. 1989 The migrations of the Chinese people and the settlement of Taiwan. Anthropological Studies of the Taiwan Area: Accomplishments and Prospects, ed. by K. -c. Li. 15—36. Taipei: Department of Anthropology, National Taiwan University.

Wang, W. S-Y. 1991a Explorations in Language. Taipei: Pyramid Press. 中译：石锋主译. 2000. 语言的探索：王士元语言学论文选译. 北京：北京语言文化大学出版社.

Wang, W. S-Y. ed. 1991b The Emergence of Language: Development and Evolution. W. H. Freeman. 中译：林幼菁译. 2008. 语言涌现：发展与演化. 语言暨语言学专刊 D—1. "中研院"语言学研究所.

Wang 王士元 2001 门德尔与琼斯，道不同不相为谋? Scientific Chinese 科学中国人 11. 28—31.

Wang 王士元 2006a 索绪尔与雅柯布森：现代语言学历史略谈. 四分溪论学集下册. 庆祝李远哲先生七十寿辰，ed. by 刘翠溶. 669—86. 台北：允晨文化.

Wang 王士元 2006b 语言是一个复杂适应系统（Language is a complex adaptive system）. 清华大学学报（哲学社会学版）21. 5—13.

Wang 王士元 2010 王士元语音学论文集. 北京：世界图书出版公司.

Wang 王士元 2011a 演化语言学的演化. 当代语言学 13. 1—21.

Wang, W. S-Y. 2011b Language learning and the brain: Some recent developments. Festschrift in Honour of Alain Peyraube, ed. by H. Chappell, R. Djamouri & T. Wiebusch. 21—48. Taipei: Institute of Linguistics, Academia Sinica.

Wang, W. S. -Y. 2019. Language and the brain in the sunset years. The Routledge Handbook of Chinese Applied Linguistics, ed. by C. -R. Huang, Z. Jing-Schmidt and B. Meisterernst, 605—23. Routledge. 中译：2021. 王筱旸、冯韵译. 迟暮之年的人脑及语言. 辞书研究 1. 1—16. 转载：黄立鹤，ed. 2022. 老年语言学研究新进展. 上海：同济大学出版社，13—26.

Wang, W. S-Y. & C. C. Cheng 1987 Middle Chinese tones in modern dialects. In Honor of Ilse Lehiste, ed. by R. Channon & L. Shockey. 513—23. Foris Publishers. 转载 Wang. 1991a. 229—38. 亦载 Wang. 2010. 395—402.

Wang, W. S-Y. & C. F. Lien 1993 Bidirectional diffusion in sound change. Historical Linguistics: Problems and Perspectives, ed. by C. Jones. 345—400. Essex: Longman. 转载 Wang. 2010. 418—73. 中译: 连金发译. 2000. 语音演变的双向扩散. 语言的探索: 王士元语言学论文选译. 70—116.

Wang, W. S-Y. & J. W. Minett 2005 Vertical and horizontal transmission in language evolution. Transactions of the Philological Society 103. 2. 121—46.

Wang 王士元 & 彭刚 2006 语言, 语音与技术. 上海: 上海教育出版社. 繁体字版: 2007. 语言, 语音与技术. 香港: 香港城市大学出版社.

Wang, W. S-Y. & Yaching Tsai 2011 The alphabet and the sinogram: Setting the stage for a look across orthographies. Dyslexia across Language: Orthography and the Brain-Gene-Behavior Link, ed. by P. McCardle, J. R. Lee, B. Miller & O. Tzeng. 1—16. Brookes Publishing.

Wang, Y. , J. A. Sereno et al. 2003 fMRI evidence for cortical modification during learning of Mandarin lexical tone. Journal of Cognitive Neuroscience 15. 1019—27.

Wernicke, Carl 1874 Der aphasische Symptomencomplex. Eine psychologische Studie auf anatomischer Basis. Breslau.

Whitaker, H. A. & G. A. Ojemann 1995 From Bartholow to Penfield: The historical development of electrical stimulation of the human brain from 1874 to 1928. Brain and Language 51. 60—2.

Whiten, Andrew & Christophe Boesch 2001 The cultures of chimpanzees. Scientific American 284. 60—7.

Whorf, Benjamin Lee 1956 Language, Thought, and Reality: Selected Writings of Benjamin Lee Whorf. MIT Press.

Wilson, Edward D. 1972 Animal communication. Scientific American. 转载 Wang(ed.). 1991b. 3—15. 中译: 林幼菁译. 2008. 动物的沟通. 1—19.

Winawer, Jonathan et al. 2007 Russian blues reveal effects of language on color discrimination. PNAS 104. 7780—5.

Witelson, Sandra F. & Wazir Pallie 1973 Left hemisphere specialization for language in the newborn: Neuroanatomical evidence of asymmetry. Brain 96. 641—6.

Wittgenstein, Ludwig 2001 Philosophical Investigations. The German Text with a Revised English Translation. Translated by G. E. M. Anscombe. 3rd ed. Oxford; Malden, Mass. : Blackwell.

Wolf, Maryanne 2007 Proust and the Squid: The Story and Science of the Reading

Brain. New York:Harper Collins Pub.

Wu,Q. ,ct al. 2016. Outburst flood at 1920 BCE supports historicity of China's Great Flood and the Xia dynasty. Science 353(6299). 579—82.

Xi,J. ,L. Zhang,H. Shu,Y. Zhang & P. Li 2010 Categorical perception of lexical tones in Chinese revealed by mismatch negativity. Neuroscience 170. 223—31.

Yang 杨亦鸣 2003 语言的神经机制与语言理论研究. 上海:学林出版社.

Yip,Moira 2002 Tone. Cambridge University Press.

Yip,Virginia & Stephen Matthews 2007 The Bilingual Child:Early Development and Language Contact. Cambridge University Press. 中译:蔡雅菁译. 2013 双语儿童:早期发展及语言接触. 北京:世界图书出版公司.

Yu,Anthony 2002 Cratylus and Xunzi on names. Early China/Ancient Greece:Thinking through Comparisons,ed. by S. Shankman & S. W. Durrant. 123—50. State University of New York Press.

Zhang,Menghan,et al. 2019 Phylogenetic evidence for Sino-Tibetan origin in northern China in the Late Neolithic. Nature 569. 112—5.

Zheng,H. -Y. ,Minett,J. W. ,Peng,G. and Wang,W. S-Y. 2012 The impact of tone systems on the categorical perception of lexical tones:An event-related potentials study. Language and Cognitive Processes 27. 184—209. doi:10. 1080/01690965. 2010. 520493.

Zhou,Ke,Lei Mo,Paul Kay,Veronica P. Y. Kwok,Tiffany N. M. Ip & Li Hai Tan 2010 Newly trained lexical categories produce lateralized categorical perception of color. PNAS 107. 9974—8.

Zhou,Xiaolin,Zheng Ye,Him Cheung & Hsuan-Chih Chen 2009 Processing the Chinese language:An introduction. Language and Cognitive Processes 24. 929—46.

Zhu 朱晓农 2009 语音学. 北京:商务印书馆.

英汉词汇对照表

absolute pitch　绝对音高

accent　口音(说外语);重音(与轻音相对)

accessory nerve　副神经

action potential　动作电位

(to) activate　激活

alexia　失读症

alleles　等位基因,对偶基因

alphabetic writing　拼音文字

amygdala　杏仁核

amygdaloid nuclear complex　杏仁核复合体

amygdaloid nucleus　杏仁核

analogy　类似性

angular gyrus　角回

anterior commissure　前连合

anterior paracentral gyrus　旁中央前回,中央旁前回

anterior perforated substance　前穿质

anterior tubercle　前结节

aphasia　失语症

arcuate fasiculus　弓状束

auditory system　听觉系统

Australopithecus africanus　南(方古)猿非洲种

autonomic nervous system　自主神经系统

axon　轴突

babbling　牙牙学语

basal ganglia　基底神经节[1]

boron　硼

brain imaging　脑成像,脑造影

brainstem　脑干

brain waves　脑电波[2]

Broca's area　布洛卡氏区

Brodmann area　布洛德曼分区

calcarine sulcus (calcarine fissure)　距状裂

categorical perception　类别感知,范畴感知

caudate nucleus　尾核

central nervous system (CNS)　中枢神经系统

central sulcus　中央沟

cerebellum　小脑

cerebral hemisphere　大脑半球

---

　① 包括:nucleus accumbens　伏隔核,阿肯伯氏核;caudate nucleus　尾核;globus pallidus 苍白球;substantia nigra　黑质;subthalamic nucleus　底丘脑核;putamen　壳核。

　② 包括:delta<4Hz;theta<7Hz;alpha 8-12Hz;beta 12-20Hz;gamma>30Hz。

cerebral peduncle   大脑脚

cerebraspinal fluid（CSF）   脑脊液

cerebrum   大脑

choroids plexus   脉络膜丛

chromosome   染色体

cingulate gyrus   扣带回

claustrum（pl. claustra）   屏状核

cochlea   耳蜗

cochlear nucleus（CN）   耳蜗核

cognitive grammar   认知语法

commissure of the fornix   穹隆连合

computerized tomography（CT）   计算机断层扫描,电脑断层扫描

construction grammar   构式语法

contour   曲折

corpus callosum   胼胝体

cortex   皮质,皮层

counterfactuals   反事实事件

cranial nerves   颅神经,脑神经[1]

cranial vault   颅穹隆

cuneate tubercle   契束

cuneus   契叶

dendrite   树（状）突

dentate gyrus   齿状回

derivation   衍生

diagonal band of Broca   布洛卡斜带

dichoptic   双眼分看

dichotic   双耳分听

diencephalon   间脑

distinctive features   区别特征,辨义成分

double helix   双螺旋

dysarthria   发音困难

dyslexia   阅读困难（障碍）,失读症

electrical brain stimulation（EBS）   脑电刺激

electroencephalogram（EEG）   脑电图

encephalon   脑

ependyma   室管膜

epilepsy   癫痫

epithalamus   上丘脑

ethology   动物行为学

event-related potential（ERP）   事件相关电位

facial colliculus   面丘

facial nerve   （颜）面神经

falx cerebri   大脑镰

(to) fire   发放

formant   共振峰

fornix   穹隆

frenulu（pl. frenula）   系带

frequency following response（FFR）   频率跟随反应

frontal lobe   额叶

functional magnetic resonance imaging（fMRI）   功能性磁共振显像

generative grammar   生成语法

---

[1]   包括:olfactory nerve   嗅神经;optic nerve   视神经;oculomotor nerve   动眼神经;trochlear nerve   滑车神经;trigeminal nerve   三叉神经;abducens nerve   外旋神经,外展神经;facial nerve   （颜）面神经;vestibulocochlear nerve   前庭耳蜗神经,听神经;glossopharyngeal nerve   舌咽神经;vagus nerve   迷走神经;spinal accessory nerve   （脊髓）副神经;hypoglossal nerve   舌下神经。

genu　膝部

genus　属

glia cell　胶质细胞

globus pallidus　苍白球

glossopharyngeal nerve　舌咽神经

gracile tubercle　薄束

gray matter　灰质

gustatry system　味觉系统

gyrencephalic　多脑回的

gyrus（pl. gyri）　脑回

gyrus rectus　直回

habenular trigone　缰三角

Hebbian learning　赫宾学习

Heschl gyrus　黑索氏回，颞横回

hidden Markov model　隐马尔科夫模型

hippocampal commissure　海马连合

hippocampal formation　海马结构

hippocampus　海马（体）

hiragana　平假名

Hominidae　人科

Hominoidea　人猿总科

Homo erectus　直立人

homology　同源性

Homo neanderthalensis　尼安德特人

Homo sapiens　智人

hypoglossal nerve　舌下神经

hypoglossal trigone　舌下三角

hypothalamus　下丘脑

hypothalamus sulcus　下丘脑沟

inferior colliculus（IC）　下丘

inferior frontal gyrus　额下回

inferior parietal lobule　顶下小叶

inferior temporal gyrus　颞下回

inflection　屈折

infundibullum　漏斗

insular lobe（insula）　岛叶

internal capsule　内囊

interneuron　中间神经元

interpeduncular fossa　脚间隐窝

interthalamic adhesion（massa intermidia）　丘脑间黏合

interventricular foramen　室间孔

katakana　片假名

lamina terminalis　终板层

lateral fissure　外侧裂

lateral geniculate body　外侧膝状体

lateralization　偏侧性，侧化

lateral occipitotemporal gyrus（fusiform gyrus）　枕颞外侧回（梭状回）

lateral sulcus　外侧沟

lateral ventricle　侧脑室

left middle frontal gyrus（LMFG）　左脑额中回

lexical diffusion　词汇扩散

lexical frequency　词频

lexicon　词汇

limbic lobe　边缘叶

limbic system　边缘系统[①]

lingual gyrus　舌回

locus ceruleus　蓝斑

logographic writing　语意文字

---

①　包括：cingulated gyrus　扣带回；dentate gyrus　齿状回；entorhinal cortex　内嗅皮层，内鼻皮质；epithalamus　上丘脑；hypothalamus　下丘脑；hyppocampus　海马（体）；amygdala　杏仁核。

logosyllabic writing　意音文字

magnetic resonance imaging　磁共振显像

mamillary body　乳头体

medial geniculate body（MGB）　内侧膝状体

medial occipitotemporal gyrus　内侧枕颞回

medulla　髓质,延髓

medulla oblongata　延髓

medullary stria of the thalamus　丘脑髓纹

meninges　脑(脊)膜

mesencephalon　中脑

metathalamus　后丘脑

midbrain　中脑

middle frontal gyrus　额中回

middle temporal gyrus　颞中回

Mild Cognitive Impairment　（MCI）轻度认知障碍

mirror neuron　镜像神经

mismatch negativity（MMN）　失匹配负波

mitochondrial DNA（mtDNA）　线粒体DNA

morphology　构词学

motor gyrus　运动脑回

myelin　髓磷脂,髓鞘质

neurofibre　神经纤维

neurohistology　神经组织学

neuron　神经元

neurotransmitter　神经递质

nucleotides　核苷酸

numerical taxonomy　数值分类学

obducent nerve　外旋神经,外展神经

occipital lobe　枕叶

oddball　异数

olfactory bulb　嗅球

olfactory striae　嗅纹

olfactory structure　嗅结构

olfactory system　嗅觉系统

olfactory tract　嗅束

olfactory trigone　嗅三角

olive　橄榄体

optic chiasm　视交叉

optic recess　视隐窝

orbital gyri　眶回

orbitofrontal cortex　眶额皮层

Pan　黑猩猩属

paracentral lobule　中央旁小叶,旁中央小叶

parahippocampal gyrus　海马旁回,旁海马回

parallel connectionism　平行连接

parallel distributive processing　并行与分布式处理

paraterminal gyrus　旁终末回

parietal lobe　顶叶

phonemes　音位

phonetics　语音学

phonogram　形声字

phrenology　颅相学

pineal body（epiphysis cerebri）　松果体

planum temporale（PT）　颞(平)面

pons　脑桥

position emission tomography（PET）
正电子断层扫描

postcentral gyrus　中央后回

posterior commissure　后连合

posterior perforated nerve　后穿神经

pragmatics　语用学

Prague Circle　布拉格学派

precentral gyrus　中央前回

precuneus　楔前叶

primary auditory area　初级听觉区，主
要听觉区

puberty　青春期

pulvinar　丘脑后结节，丘脑枕

putamen　壳核

pyramid　锥体

radical　汉字部首

resting potential　静息电位

recurrent laryngeal nerve　喉返神经

rhomboid fossa　菱形窝

semantics　语义学

semicircular canal　半规管

sensory gyrus　感觉脑回

sensory input　感觉传入

septa pellucida　半透明隔

sinogram　汉字

somatosensory　躯体感觉

species　种

spinal cord　脊髓

spindle neuron　梭形神经元

splenium　压部

stratificational grammar　层次语法

striae medullares of the rhomboid fossa
菱形窝髓纹

striatal motor system　纹运动系统

subcallosal area　胼胝体下区

subcortical structures　皮层下结构

subiculum　下脚

subthalamic nucleus　底丘脑核

subthalamus　底丘脑

sulcus（pl. sulci）　脑沟

sulcus limitans　沟界膜

superior colliculus　上丘

superior frontal gyrus　额上回

superior olivary complex（SOC）　上橄
榄复合体

superior parietal lobule　顶上小叶

superior temporal gyrus　颞上回

superphylum　超级语族

support vector machines　支持向量机

supramarginal gyrus　边缘上回

Sylvian fissure　西尔维亚裂沟，薛
氏裂

synapse　突触

syntax　句法学

systemic functional grammar　系统功
能语法

tela choroidea　脉络膜组织网

telomere　端粒

temporal lobe　颞叶

temporalparietal cortex　颞顶部皮质

thalamus　丘脑

theory of tagmemics　句素理论

transmission by saltation　跳跃式传导

transverse temporal gyri　颞横回

trigeminal nerve　三叉神经

trigeminal system　三叉神经系统

tuber cinereum　灰结节

ventricle　脑室

vestibular system　前庭系统

vestibulocochlear nerve　前庭耳蜗神
　经，听神经

visual system　视觉系统

voice onset time（VOT）　起音时间

Wellentheorie　波浪理论

Wernicke's area　威尼基区

white matter　白质

zona incerta　未定带，未定区

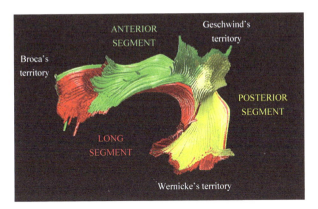

Tractography reconstruction of the arcuate fasciculus using the two-region of interest approach. Broca's and Wernicke's territories are connected through direct and indirect pathways in the average brain. The direct pathway (long segment shown in red) runs medially and corresponds to classical descriptions of the arcuate fasciculus. The indirect pathway runs laterally and is composed of an anterior segment (green) connecting the inferior parietal cortex (Geschwind's territory) and Broca's territory and a posterior segment (yellow) connecting Geschwind's and Wernicke's territories.

图 23　Catani 的大脑分区（Catani et al. 2005:11）

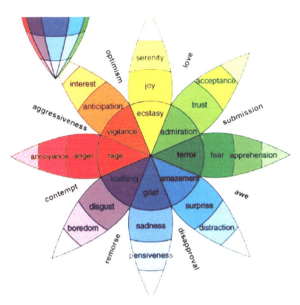

图 24a　人类的八种基本情绪（Plutchik 2001:349）

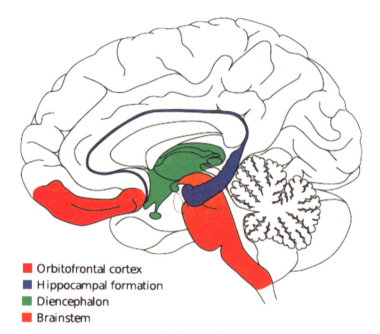

Orbitofrontal cortex
Hippocampal formation
Diencephalon
Brainstem

图 25 人类情感系统的四个核心（Koelsch et al. 2015:3）

图 26 《圣经》故事里导致语言分化的 Babel 塔

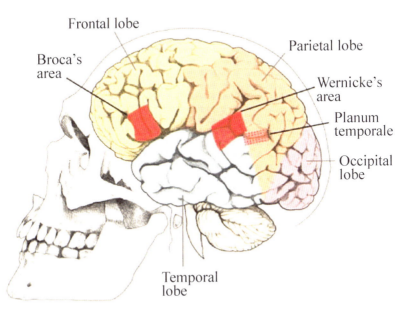

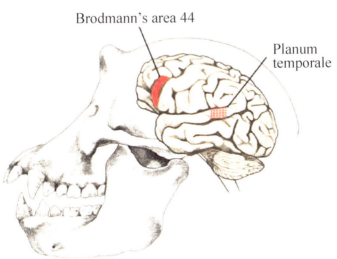

图 45　黑猩猩与人的大脑（**Carroll 2003:852**）

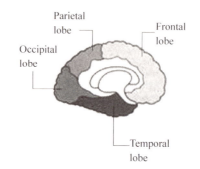

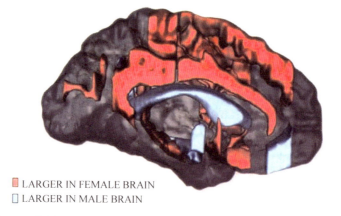

■ LARGER IN FEMALE BRAIN
□ LARGER IN MALE BRAIN

Anatomical differences occur in every lobe of male and female brains. For instance, when Jill M. Goldstein of Harvard Medical School and her co-workers measured the volume of selected areas of the cortex relative to the overall volume of the cerebrum, they found that many regions are proportionally larger in females than in males but that other areas are larger in males [below]. Whether the anatomical divergence results in differences in cognitive ability is unknown.

图 67 男女有别的大脑(Cahill 2005:43)

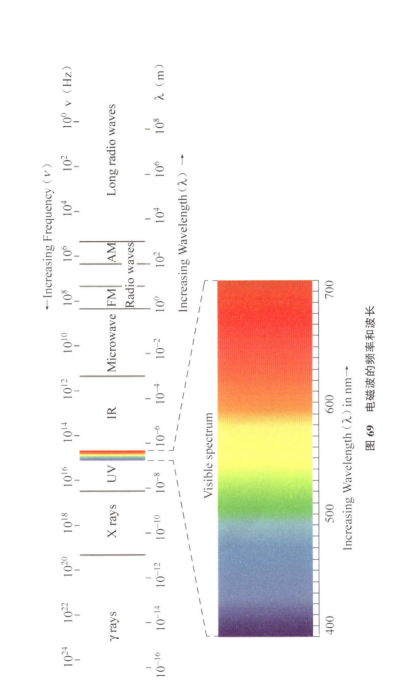

图 69　电磁波的频率和波长

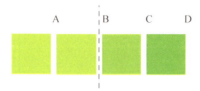

图 70　韩语颜色的类别感知（Roberson et al. 2008:756）

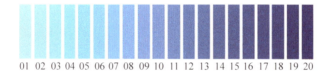

图 71　俄语的"蓝"（Winawer et al. 2007:7781）

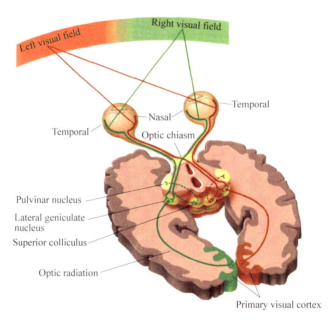

The primary projection pathways of the visual system. The optic fibers from the temporal half of the retina project ipsilaterally, while the nasal fibers cross over at the optic chiasm. In this way, the input from each visual field is projected to the primary visual cortex in the contralateral hemisphere after the fibers synapse in the lateral geniculate nucleus (geniculo-cortical pathway). A small percentage of visual fibers of the optic nerve terminate in the superior colliculus and pulvinar nucleus.

图 76　视觉（Gazzaniga et al. 2002:152）

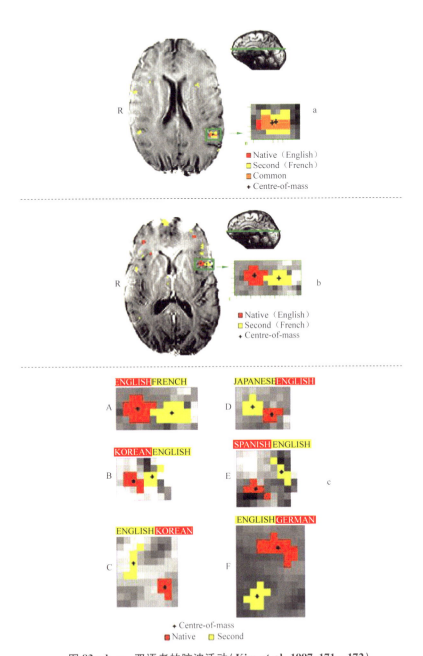

图83a、b、c　双语者的脑波活动（Kim et al. 1997：171—172）

Activity in GTs Before and After Training
Subject KD

PRE-TRAINING

POST-TRAINING

+8   +12   +16

a

图 84a   受试者 KD 的声调学习与大脑的反应（Y. Wang et al. 2003：1024）

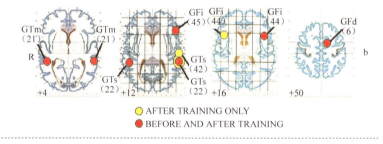

Regions Active during the Mandarin Lexical Task
Conserved for All Subjects

GFi GFi   GFi
（45）（44）   （44）   GFd
（6）

GTm   GTm
（21）   （21）
R

GTs
（42）

GTs   GTs
（22）+12   （22）+16   +50

+4

b

◯ AFTER TRAINING ONLY
● BEFORE AND AFTER TRAINING

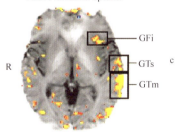

Regions Active during the Mandarin Lexical Task
Native Mandarin Speaker

GFi

R

GTs

c

GTm

图 84b、c   所有受试者及汉语母语者听声调时的大脑反应
（Y. Wang et al. 2003：1024—1025）

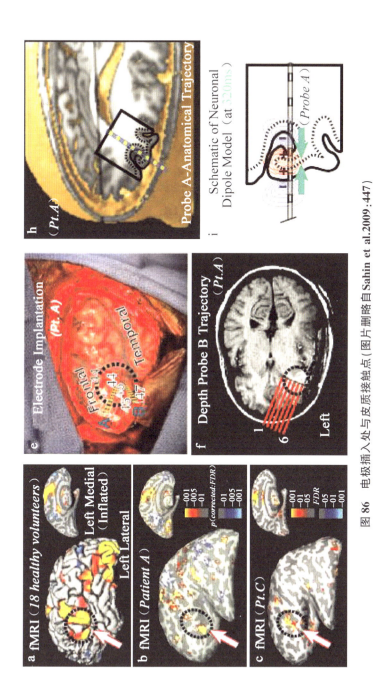

图 86　电极插入处与皮质接触点（图片删略自 Sahin et al.2009：447）

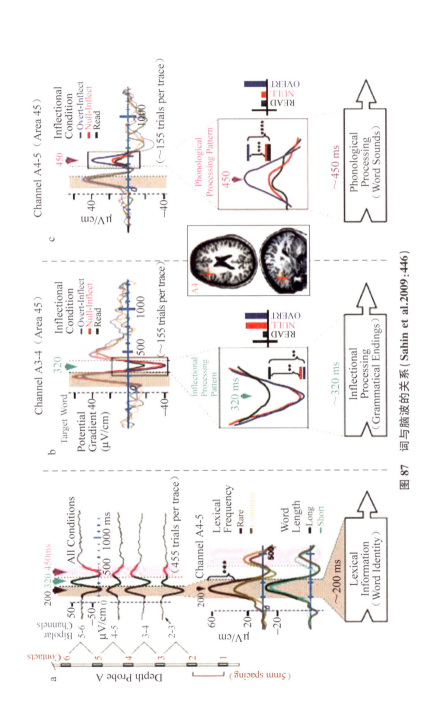

图 87　词与脑波的关系（Sahin et al.2009:446）

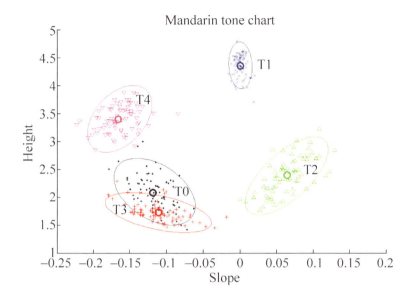

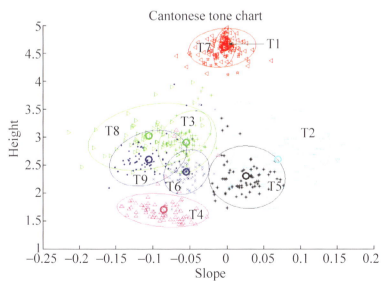

图 94　普通话及粤语的声调系统（Peng 2006:147）

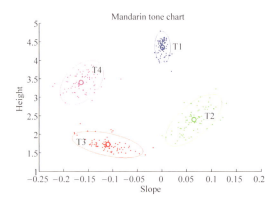

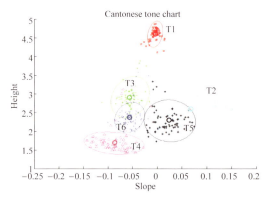

图 95 去除轻声与入声的普通话及粤语的声调系统(Peng 2006:149)

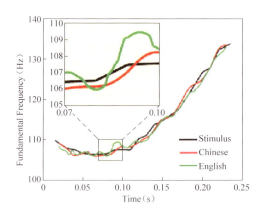

图 97 汉英受试者的 FFR (Krishnan et al. 2005:165)

图99　平上去入四声在粤语和普通话中的例字

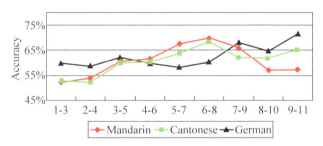

图102　三组受试者辨别测验的准确度（Peng et al. 2010：622）

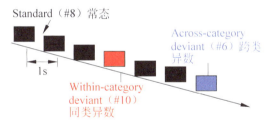

图105　同类与跨类异数

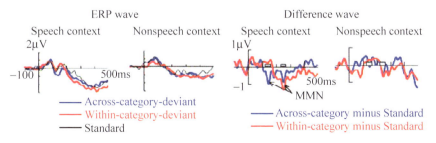

图106　同类与跨类的脑波区别

图片版权页

1974. Journal of Chinese Linguistics.

图 23　Reprinted with permission. © 2005. John Wiley and Sons.

图 24a　Reprinted with permission from American Scientist.

图 25　Reprinted from Physics of Life Reviews, 13, S. Koelsch, A. M. et al. , The quartet theory of human emotions:An integrative and neurofunctional model, 1—27, Copyright（2015）, with permission from Elsevier.

图 26　Public domain:http://en. wikipedia. org/wiki/File% 3aBrueghel-tower-ofba-bel. jpg. 2011-6-2.

图 32　Reprinted with permission of The Johns Hopkins University Press. © 1998. The Johns Hopkins University Press.

图 33　© Tom Dunne.

图 34ab　Reprinted with permission from AAAS. © 2007. The American Association for the Advancement of Science.

图 36,67　Text from "Wired Preferences?"and "Sizable Brain Variation". Reprinted with permission. © 2005. Scientific American, Inc. All rights reserved. Graphs © Lucy ReadingIkkanda for Scientific American Magazine. Photo reprinted with permission from Elsevier. © 2002.

图 38　http://zh. wikipedia. org/wiki/File%3aGregor_Mendel_Monk. jpg. 2011-5-17.

图 39　Reprinted with permission from the first editor Linda Waugh & the photographer Peter Cunningham. Photo from the book cover. © 1999. Peter Cunning-gham, petercunninghamphotography. com.

图 40　© 1998. National Academy of Sciences, USA.

图 41　Reprinted by permission from Macmillan Publishers Ltd. © 1987.

图 42　Reprinted with permission. © Merritt Ruhlen.

图 43ab　Reprinted by permission from Macmillan Publishers Ltd. © 2000.

图 44, 50, 51　Reprinted with permission. © 1972. New York:McGraw-Hill Book Company.

图 46　Reprinted with permission. © 1992. American Museum of Natural History.

图 47　Public domain:http://en. wikipedia. org/wiki/File% 3aCajal Restored. jpg. 2011-6-2.

图 48　Reprinted with permission. © 2009. John Wiley and Sons.

图 49　Public domain:http://en. wikipedia. org/wiki/File% 3aSparrowTectum. jpg. 2011-6-2.

图 52　Reprinted from Fig. 3. 8 in Biological Foundations of Language. Lenneberg

1967:95. Reproduced with permission of the John Wiley and Sons Limited through PLSclear.

图 54   Public domain:http://en. wikipedia. org/wiki/File:Ferdinand_de_Saussure_by_Jullien. png. 2011-3-17.

图 55   Public domain:http://en. wikipedia. org/wiki/File:Sir_William_Jones. jpg. 2011-3-15.

图 56   Reprinted with permission. © 2008. MIT Press.

图 57   Reprinted with permission from Cambridge University Press and from Commercial Press.

图 58,62   Reprinted with permission. © 2005. Blackwell Publishing.

图 59   Reprinted with permission from AAAS. © 1977. The American Association for the Advancement of Science.

图 60   Permission from Elsevier. © 2009.

图 61   Reproduced with permission. © Lucy Reading-Ikkanda for Scientific American Magazine.

图 63   Reprinted by permission from Macmillan Publishers Ltd. © 2004.

图 65   Reprinted with permission from the Royal Society and the first author Patricia K. Kuhl. © 2008.

图 66   Reprinted with permission. © 1978. John Wiley and Sons.

图 68   Public domain:http://en. wikipedia. org/wiki/File:Edward_Sapir. jpg. http://en. wikipedia. org/wiki/File:Blwhorf. jpeg. 2011-8-30.

图 69   Public domain:http://en. wikipedia. org/wiki/File%3aEM_spectrum. svg. 2011-6-2.

图 70   Permission from Elsevier. © 2008.

图 71   © 2007. National Academy of Sciences,USA.

图 72,73   Permission from Elsevier. © 2010.

图 75   Reprinted with permission. Illustration © John W. Karapelou. All rights reserved. Brain Scan © Michael B. Miller.

图 76   Reprinted with permission. © 2002. W. W. Norton & Company.

图 77   Reprinted with permission from Lippincott Williams & Wilkins. © 1969. Wolters Kluwer.

图 78,79   Figures prepared by Joel Bruss reprinted by permission of the publisher Belknap Press of Harvard University Press. © 2009 by the President and Fellows of Harvard College.

图 80ab   Figure originated from a 1909 source, reprinted with permission from Belknap Press of Harvard University Press. ⓒ 2009.

图 81a   Public domain：http：//en. wikipedia. org/wiki/File％3aWilder_Penfield. jpg. 2011-6-2.

图 81b   ⓒ 1959. Princeton University Press.

图 83abc   Reprinted by permission from Macmillan Publishers Ltd. ⓒ 1997.

图 84abc   Reprinted with permission. ⓒ 2003. Massachusetts Institute of Technology.

图 85-87   Reprinted with permission from AAAS. ⓒ 2009. The American Association for the Advancement of Science.

图 94，95   Reprinted with permission of the editor-in-chief William S-Y. Wang. ⓒ 2006.

图 96   Reproduced with permission of International Journal of American Linguistics by American Anthropological Association. Permission conveyed through Copyright Clearance Center，Inc. ⓒ 1967.

图 97   Reprinted with permission from Elsevier. ⓒ 2005.

图 98   ⓒ 2008. Massachusetts Institute of Technology.

图 101，102   Reprinted from Journal of Phonetics. Permission from Elsevier. ⓒ 2010.

图 103-107ab   Reprinted with permission from LEL director Prof. William S-Y. Wang. ⓒ Language Engineering Laboratory（LEL）. Chinese University of Hong Kong.

图 108   Reprinted with permission. ⓒ 2009. Acoustical Society of America.